フランク・スルートマン 著
福永詩乃 訳

Leading for Hypergrowth
by Raising Expectations,
Increasing Urgency,
and Elevating Intensity

AMP IT UP

最高を超える

ダイヤモンド社

AMP IT UP

by

Frank Slootman

CONTENTS　最高を超える

第1部

Amping Up

最高を超えるには

第1章 はじめに：最高を超える力

最高を超える

数年前、私は「Amp It Up!」という記事をリンクトインに投稿し、大反響を得た。大金を投じて人材、体制、基本的なビジネスモデルを入れ替えなくても、組織のパフォーマンスはかなり改善できるという趣旨だ。自分の土俵で戦いながら、あらゆる物事のレベルを圧倒的にアップさせ、最高を超えていくことを提案した。基準を上げ、ペースを上げ、焦点を鋭く絞り、メンバーのベクトルを合わせる。細かい状況分析のためにコンサルタント集団を投入する必要はない。最初にすべきは、期待値、活気、切迫感、そして熱量を高めていくことだ。

記事にはたくさんの「いいね」が付けられ、シェアされ、多くのコメントが寄せられた。それだけでなく、座談会や講演会の依頼も殺到した。リーダーの立場の人たち、特に起業家に向けて話すことは元々好きだし、会議やビジネススクールで話す機会もある。しかし、私の「最高を超える」哲学をもっと学びたいと思ってくれるすべての人たちに応えることは到底できなかった。経験をほかの人と共有することはリーダーの責務ではあるが、少人数、ましてや1対1で行っていては効率が悪いし、効果も小さい。エネルギーを要する本業がある中では、なおさら考えものだ。そこでこの本を書くことにした。ミッション主導の、パフォーマンスの高い企業を率いていくにはどうすればよいか、私なりの確信と考察、そして信念をまとめたつもりだ。

本書で取り上げた考え方、戦略、戦術は、私自身のキャリアを通じて得てきたものだ。中でも、それぞれの個性を持った3社におけるＣＥＯとしての経験が大きい。２００３年から２０１０年まではデータドメイン社、２０１１年から２０１７年まではサービスナウ社、そして２０１９年から現在に至るまではスノーフレイク社でＣＥＯを務めている。ベンチャー投資家、取締役、企業幹部をしていたこともあるが、ビジネス経験としてはＣＥＯとして得たそれとは比較にならない。超が付くほど競争の激しい市場で、会社のリーダーシップ、戦略、カルチャー、実行力に関して全責任を担うことが、私の性に合っている。

組織のリーダー陣が力不足だったり、目移りしたりすると、物事はたちまち悪いほうへ転がりかねない。人間の性《さが》として、多くの人は放っておけば氷河のようにゆっくりしたペースでアウトプットするようになり、「及第点」を基準とすることに慣れる。そして焦点の絞れたリーダーシップがないと、無数の優先事項がかち合ってしまう。すると、優秀な人材は持てる才能や行動力を発揮できず、不満を感じてその組織を出ていく。ここまでくると、後は悲惨な下降線をたどっていくだけだ。それを防ぐために、ぜひ最高を超える哲学を取り入れてほしい。

リーダーシップのあり方を変えれば、すぐに効果が現れる。人材や組織体制、戦略などの構造改革をするよりもずっと早い。組織を活気で満たし、テンポを上げよう。そして、もっと集中し、期待値を高めて、基本的なことを足元から実行していこう。きっと、川の流れをせき止める丸太を取り除いたかのように感じるはずだ。あらゆる物事が一気に動きだす。

これはビジネスに限った現象ではない。スポーツの世界でも、前シーズンに負けたチームが、選手の顔ぶれを大きく変えることなく翌シーズンに勝つことは珍しい話ではない。1959年、ヴィンス・ロンバルディはNFLグリーンベイ・パッカーズのヘッドコーチに就任した。当時、チームのシーズン成績は1勝10敗。11シーズン連続で負け越していた。ところが翌年、シーズン成績は7勝5敗に改善され、パッカーズはロンバルディの下で久しぶりのシーズン勝ち越しを果たす。その後もチームは地区の大会で次々と勝利してみせた。これほどにリーダーシップは重要だ。今でも、スーパーボウルの優勝者に贈られるトロフィーにはロンバルディの名が刻まれているが、それも納得がいく。

この本では、単に戦術的なアドバイスだけでなく、さまざまな状況の背景に何があるのか、どう考えればいいのかといったことを示したつもりだ。それぞれのアイデアがあなたの置かれている状況でも役立つか、試してもらえればと思う。私は決して、自分の意見を世間に押し付けようと思っているわけではない。「最高を超える」を目指さないのも、あなたの選択だ。けれども、これから私が各章で語る内容は、きっとあなたを骨太にし、うまく戦う手助けをしてくれると思う――あなたがCEOであっても、またはスタートアップ、大企業、非営利団体などの、どんな職場で、どんな階層のリーダーをしていてもだ。

それから、経営を経験した「旅の同士」ならではの見識が書けたのではないかとも思っている。ベンチャー投資家の友人たちを悪く言うつもりは決してないのだが、彼らは、投資しているからには、取締役会で起業家に訓戒を垂れる権利があると考えがちだ。それでいて、多くは自分自身が前線に立ったことは一度もない。はたから見ているのと、実際にやるのでは違うものだ。

この20年ほどの間に、私が関わった3社が成し遂げたことを、メディアは称賛した。いずれもＩＰＯを無事達成し、株式市場で数千億ドルの価値を生み出すことに成功したからだ。結果は何よりものを言う。しかし同時に外部から、このような結果を生み出した方法について、批判ではないにせよ疑問を投げかけられることがあった。そこで、最高を超えていくための鍵となる５つのステップ（①基準を上げる、②皆のベクトルを合わせる、③焦点を絞る、④ペースを上げる、⑤戦略を転換する）について、さっそく概要を見ていこう。

基準を上げる

故スティーブ・ジョブズは「めちゃくちゃにすばらしい」ことにしか心を動かされなかった。およそすべてに高いハードルを設け、基準に満たないものは直ちに却下したのだ。試しに、この「めちゃくちゃにすばらしい」という基準を日々取り入れて、どこまでできるかやってみてほしい。人は、事を進めてさっさと片付けたいがために、基準を下げるものだ。これがいけない。そうしたいという衝動に駆られるたび、抗っていこう。基準を上げることと自体はそこまで大変ではない。無気力に支配されないことだ。そんなもの吹き飛ばしてしまおう。ハードルを上げれば自然と活力も湧いてくる。

私は、企画、プロダクト、機能などについて提案を受けたら、自分の意見を話すのでなく、本人たちがどう思っているのか聞くようにしている。ワクワクしているかどうか。心から気に入っているかどうか。ところが、返事はたいてい「いいと思います」とか「悪くないです」だ。相手は私の表情から、その返事が私にとって期待外れだったことを察するに違いない。内容が何であれ、人に提案する前に自分がどうしようもないくらい心躍るものになるまで練り直して、また声をかけてほしいと思う。

人は誰でも、自分のしていることにワクワクすべきだ。内なるスティーブ・ジョブズの声に耳を澄ませよう。「めちゃくちゃにすばらしい」を目指そう。そのほうが、ずっと前向きになれる。

人とカルチャーのベクトルを合わせる

ビジネスが成長し、変数が多くなるにつれて、ベクトルを合わせることがより重要になってくる。ポイントは、全員が「同じオールを漕いで」いるかどうか、つまり同じ方向を向いているかどうかだ。

私が入った当時、スノーフレイク社は、言ってみればサブスクリプションモデル（定額制）を備えたＳａａＳ企業であるかのように経営されていた。

しかし実質、スノーフレイク社はコンサンプションモデル（従量課金制）によってクラウドコンピューティングサービスを提供するインフラ企業だ。地域の電力会社と同じく、ユーザーは使った分だけ支払う。契約しただけでは1ドルも収益にならないのに、当時の営業は、ＳａａＳ企業のようにブッキング、つまり契約額ばかり見ていた。実際には、サービスが利用されて初めて収益として計上されるわけだが、肝心の利用量は、契約額に直接反映されるわけではない。反映されるのは容量を使い切ったユーザーが再オーダーしたことくらいだ。見るべき方向のズレがもたらす影響は大きかった。営業は契約者の利用量を大して気に掛けず、多くのユーザーが過剰な契約を結ばされていた。これがその後、契約更新の減少、あるいは、いわゆるダウンセルを行わざるを得ない状況へとつながっていった。さらに、販売報酬が収益と連動しない仕組みだったので、歩合のコストが収益とまったく見合わないものになってしまっていた。

スノーフレイク社を真のコンサンプションモデル企業に変えるまでに、数四半期かかった。ついには「コンサンプション」といえば私たちのこと、という意識が生まれた。今ではすべてを利用量という視点から捉えるようになり、皆の足並みもそろっている。

また、さらにベクトルを合わせたいのがインセンティブ報酬だ。スノーフレイク社では幹部全員に同じ報酬体系を適用していて、ボーナスの支払いには、入念に考えられた厳密な基準がある。営業の幹部であっても、特別に歩合で支払われるようなことはない。皆で方針を共有している。

ベクトルが乱れる要因としてもう1つ、目標管理制度（ＭＢＯ）が挙げられる。この20年、私は関わったすべての会社で、これを撤廃してきた。ＭＢＯは従業員の個人プレーを促してしまう。個々人の指標に基づいて報酬が与えられるとあっては、プロジェクトから外すこともほぼ不可能だ。補償などを求めて皆があなたに交渉を持ちかけてくることになる。ベクトルが合うどころか、これでは全員が自分のために行動しているだけだ。ＭＢＯを用いなければ皆が仕事をしないというなら、メンバーに問題があるか、マネジャーに問題があるか、またはその両方といえる。

焦点を絞る

組織では、定義のあいまいな「やるべきこと」がありすぎて、何もかもが手薄になるということがよくある。時間がたつにつれ、すべきことが積み重なり、あっという間に大量の未処理案件を抱えてしまう。そして仕事が「浅く広く」なりすぎる。進行のペースやテンポが上がらないのは、当然ながら、多くのことが同時に行われているせいだ。これでは、接着剤の中を泳ぐように身動きが取れず、物事は遅々として進まない。

ここでリーダーが取れる行動は２つ、どちらも即効性がある。まずは、物事の実行にあたって、並行でなく、なるべく１つずつ順々に考えていくこと。同時に取り組むことを減らし、しっかり優先順位を付けよう。順位付けが合っているか自信が持てなくても、まずはやってみることだ。それだけでも大いに意義がある。それから、最も大事なこと、そうでもないこと、まったく大事ではないことを、それぞれ見極めること。そうしないと、重要度について部下に納得してもらえない。「すべきでないことは何か？」「これをしないとどうなる？」と常々考えておく必要がある。何事にも優先順位を付け、それを見直す習慣を持とう。

優先事項を上から３つ程度であれば、たいていの人はすぐに思い付く。誰かに聞いてみるといい。私は訓練になるように、よくこんなことを聞く。「年末までに１つのことしかできないとしたら何をする？」「その理由は？」。難しい質問なので、皆が頭を抱えるのだが、それこそが訓練の狙いだ。間違った決定をすれば資源の配分に失敗してしまう。これは避けたい。ところが、こういうピンポイントな発言をしたがらない人は多い。５個とか10個の優先事項を並べるほうがよっぽど楽だからだ。けれど、もしかしたら本当にやるべきことはその中にすらないかもしれない。

「優先事項」（Priority）という言葉は単数形でのみ使われることが望ましい。優先事項がたくさんあるということは、つまり、どれも優先できないということだ。

私はサービスナウ社で、新任の最高プロダクト責任者（ＣＰＯ）と、このような「１つのこと」は何かについて話した。プロダクトを扱う組織にはすべきことが山のようにあるので、俯瞰の視点を持つことがとても大切になる。けれども、そう簡単に優先事項を絞り込むことはできなかった。日々、責任ある仕事に追われる中では、大局を見ることが難しい。私なりの答えはあったが、ＣＰＯも同じように考えるとは限らない。そもそも彼の中に、最優先事項として挙げられるものはあっただろうか。

私たちがたどり着いた結論は、どちらかといえば専門ユーザー向きなサービスナウを、より一般向けの使用感に作り変えるという、その1点に集中することだった。これは一朝一夕に実現できるプロジェクトではなかった。エンジニアリングのカルチャー自体を変える、とはいわないまでも、長期的な戦略の転換と、継続的な努力が求められたからだ。会社の将来のために重要なこととはいえ、私たちのＤＮＡを変えなければならず、困難でもあった。そもそも私たちの顧客はＩＴ業界の人々だったので、専門向けで、さほどユーザーフレンドリーでない使用感にも耐性があった。それでも、無理やりにでも今までの路線から離れる選択をしたのだ。とにかく、方針は明確にすることが鍵だ。さもないと人は大きな変化を起こさずに、問題を削り取るように少しずつ処理しようとする。せっかく問題に向き合おうとする気持ちを持っていても、それでは優先順位が上がらず、リソースが付かず、きちんと具体化もできない。

あいまいさは混乱の元だが、逆に方針や目的を明確にすれば、ビジネスにおいて大きな強みになる。優れたリーダーシップを発揮するには、物事を本質まで煮詰めるという、終わりのないプロセスが必要だ。方針ははっきり説明しよう！　優先事項が上層部で明確に理解されなければ、末端に伝わるまでにどれほどゆがんでしまうか、考えてみてほしい。

ペースを上げる

問題を抱える組織には、スピード感や切迫感がない。なぜか？　早く仕事が片付いたところで帰れないから、急ぐ意味がないという発想だ。カリフォルニア州車両管理局（ＤＭ

Ｖ）をのぞいたことがある人なら、どんな状況かわかると思う。午後４時を過ぎると職員がようやく動きだす。４時30分の終業時間までに積まれた仕事を片付けて、皆が時間どおりに退社できるようにするためだ。そのほかの時間にどうしているかなんて、誰も気にはしない。どのみち職場にいなければならないのだから。

リーダーがペースを決めよう。「１週間ほどで回答します」などと言われる時、私は聞く。「明日や明後日にならないか？」。物事にかかる時間を圧縮していこう。マインドセットを変えるだけで、ずっと素早く動けるようになる。歩調が変われば皆の行動が迅速になり、活気や切迫感がいたるところに生まれてくる。優秀な人材は、活気に満ちたカルチャーを求めるものだ。

ちなみにこうした取り組みは、メールや通知を出すなど、１度きりの対応で済むものではない。顔を合わせるごとに、会議のたびに、そのほかあらゆる機会を得るごとに、ペースを上げていくのだ。プレッシャーをかけよう。せっかちになろう。根気は美徳かもしれないが、ビジネスにおいてはリーダーシップの欠如を示すサインにもなる。誰も接着剤の中を泳ぎたくはないし、仕事が片付かないことを喜ぶ人もいない。組織によっては、そもそもペースの上がらない仕組みになっている場合もある。変えていこう――今すぐに。

戦略を転換する

本書は多くのページで実行力に触れている。特に、核となるミッションを妥協なく実行する力を鍛えることについて書いた。でも、だからといって戦略が重要でないということはない。実行の仕方がわかれば、戦略を立てるのがうまくなり、その戦略が努力の効果を何倍にもしてくれる。戦略を転換するには、新しく大きな市場へリーチするべく、ビジネスモデルに対する考え方の「間口を広げる」ことが欠かせない。アメフトのクオーターバックのように、広い視野を持つことが必要になってくる。

戦略について考える時は、普段と脳の使い方が違う。抽象的で、流動的で、ダイナミックで、多元的なものを扱うからだ。一見すると無関係な事柄を結び付けなければならない。基本に忠実なタイプの人にとっては、頭の痛い作業かもしれない。いわばまったく違うマインドセットへの切り替えが求められる。

皆が下を向いて今の仕事に没頭している時も、あなたは顔を上げて、戦略転換の必要性や、その機会と向き合わなければならない。自分たちのビジネスモデルについて、健全な意味で疑う感覚を常に持っていよう。なぜなら、競合他社は必ずあなたたちを打ち負かそうとしてくる。それは、明日太陽が昇るのと同じくらい確かなことだ。

大いなる戦い

２０１７年にサービスナウ社から退いた後、もう別の会社でＣＥＯに就任するつもりはなかった。ところが、私のような人間は——そしてこの本を読んでいるあなたもおそらく——現場を離れるのが苦手なようだ。今はスノーフレイク社のＣＥＯとして前線に戻り、会社の大きな可能性を引き出す手伝いをしながら、やりがいを感じている。新しいプラットフォームを作り、新しい競合他社に、新しいビジネスモデルで挑むという大いなる戦いは、進歩的で、限りない刺激に満ちたものだ。新しい経験と学びが絶えず押し寄せてくる日々は手放しがたい。

リーダーとは孤独な仕事だ。24時間３６５日、不確実で、不安で、失敗の恐怖と隣り合わせ。数えきれないほどの決断をし、どれか1つでも間違えば、従業員や投資家に失望されかねない。金銭的にも人的にもリスクが高い。さらに恐ろしいことに、マニュアルもハウツー本もない。問題に直面するたびに、少なくともどこかしら未知の要素がある。とりわけ設立して間もない会社では、戦いという霧の真っ只中にいるような気がするものだ。

この本を読み進めることで、あなたが霧の向こうを見据え、内外の状況を把握し、選択肢を整理し、最高を超える組織を作って、成功につなげられるよう願っている。

第2章 10代トイレ清掃員がCEOを歴任するまで

話を進める前に、「最高を超える」と銘打った私のビジネス手法が形作られ、まとまるに至った経緯を簡単にお話ししておいたほうがいいだろう。このやり方は、私が担ってきた仕事の一つ一つを通して、まさに生涯かけて進化してきた。それぞれの職務を通じてどんな経験をしてきたかについては続く章に譲るとして、まずは、私の人生の道のりについて紹介しよう。

規律をたたき込まれた子供時代

私の生い立ちから、後にシリコンバレーでCEOとして活躍するとはちょっと予想しにくいと思う。私はオランダに生まれ、中流家庭で育った。男2人女2人の4人兄弟の2番目だ。生活必需品に事欠いたことはなかったが、月末にお金が残ることもなかった。

父は2つの戦争を経験した元軍人で、1950年代には退役していたが、家庭には一定の規律があった。「背筋を伸ばして歩け」「胸を張れ」「猫背になるな」。食事のマナーにも厳しく、家族全員がきちんと着席して、誰かが「Eet Smakelijk」（オランダ語で「召し上がれ」）と言うまで誰も食べはじめてはいけなかった。ナイフやフォークの使い方を間違えると、すぐに直される。挨拶する時は力強く握手して、相手の目を見なければならない。年上の人を下の名前で呼ぶなど、もってのほか。ぼうっとしているところを見せるな、さもないと雑用を押し付けられるぞと言われる。外へ行け、家の中で遊ぶな、とも。

10代前半の頃、学校の成績が落ちてきた時のことだ。父は「もっといい点を取れ」などと説教することはなく、ただ「自分の可能性に見合った努力をしろ」とだけ言った。一生懸命に努力している限り、父は結果を受け入れてくれる。その代わり、本当に全力を尽くしていると納得してもらわなくてはならない。「成績が下がってもうるさく言われないなら、気が楽だろう」と思うかもしれない。だが実際には、自分は十分にできていないのではないか、本当の力を出しきれていないのではないか、という思いにとりつかれるものだ。

10代は、夏休みのアルバイトを熱心にやった。北ホラント州のチューリップ農家で球根を収穫する仕事だ。どんな天気だろうと1日10時間、トラクターの後ろに付いて畑を歩く。ある夏には、父が働く工場のトイレ清掃もした。工員は少なくとも1000人。朝9時から夕方5時までの間、私はすべてのトイレを巡回して掃除していった。監督者がいて私の作業を点検するのだが、この人が、私が朝一番に清掃したトイレを、たいてい何時間もたって数百人が使った後で見に来るのだ。作業のダメ出しをされ、父に不満を言うと、返事はにべもないものだった。「わかるか。いい成績を取らないでいると、そういう人間の下で働くことになるんだ」。私は16歳だった。

それ以来、自分の可能性に見合った生き方をする、というメンタリティを忘れずにやってきた。私は日々の成果にはさほどこだわらない。それよりも、インプットの最大化を重視している。つまり、できることを全力でやり尽くすということだ。マラソンやトライアスロンはトレーニングが99％、レースが1％だが、似たところがある。努力が十分だと実感できることは決してなく、いつも不足感が付きまとう、厳しいやり方だ。続けていくには、同じ志を持つ仲間が必要になる。

また、こうした生き方を選ぶと、成功に浸ることが苦手になる。常に次のことを意識しているので、ウイニングランを決めたり、自らを祝ったりという発想にはならない。成功が台なしだと言う人もいる。でも、私たちはいつも目の前の課題に集中していくだけだ。

アメリカに降り立つ

私は、オランダのエラスムス・ロッテルダム大学経済学部を優秀な成績で卒業している。試験は一度も落とさず、はやばやと課程をこなした。３年たった段階で予定よりも1年早く進んでいたので、アメリカでインターンシップに参加することにした。それまでアメリカに行ったことはなかった。

私はアメリカにほれ込んだ。人々は友好的で親切だったし、いつも前向きで陽気な雰囲気をたたえていた。とても対照的だと思ったのだが、オランダの人たちは、どちらかというと運命を諦めているようなところがあって、グチるのが国民的娯楽ともいえる。でもアメリカ人はいつだって、もっとうまくやれるという思考でいるように見えた。私が慣れ親しんできたものとは違う、エネルギーに満ちあふれた国民性だ。

1年後、オランダに戻って課程を修了し、大学院で論文を書いて卒業した。家族の中で大学を卒業したのは私だけだった。同時に、インターンを続けないかとのオファーを受けたので、アメリカに戻ることにした。そんなわけで、私は自分の生まれ故郷で本格的に働いたことがないままだった。故郷を恋しくも思わなかった。たぶん、生まれる場所を間違えたのだろう。

私はポケットに突っ込んだ100ドルと共に、アメリカに降り立った。あらゆることにおいて助けが必要で、実際にすぐ手を差し伸べてもらった。ビュイックの1974年式ルセイバーの鍵を渡してくれて、「お金は払える時でいいよ」と言って去っていった人もいる。本当に親切な人たちに恵まれた。一方、ユニロイヤルという会社で行っていたインターンは臨時のものだったので、正規の職を見付けて、キャリアを積む必要があった。だが、口で言うほど簡単なことではない。アメリカに来たばかりの私の英語はアクセントがきつかったし、経歴書類には発音しにくい言葉が並ぶ。説明はなおのこと困難だった。

ユニロイヤルはタイヤ会社でありつつ、ノーガハイドという張り材も製造している本格的な重工業企業だった。私は、そこで見たものに困惑した。レイオフ、労働組合、消えていく市場……。当時、未来があると考えられていたのはコンピュータ産業だった。まだ大きなビジネスではなかったが、少なくとも活気があり、成長もしていた。私が狙いを定めたのは、１９８５年には業界の代表格だったＩＢＭ。しかし、十数回も不採用となり、ついには諦めた。ヨーロッパの経歴書類をどう捉えたものか、向こうもわからなかったのだろう。今では、私は別の道を進む運命にあったのだと理解しているし、ＩＢＭが私を雇わなかったのは幸いだったとも思っている。

バロース社とコムシェア社

バロース社は、ミシガン州デトロイトに本社を置いていた企業だ。カーター政権で財務長官を務め、プリンストン大学で経済学を教えた経験もあるマイケル・ブルーメンソールが新ＣＥＯに就任していた。この会社では私の経歴書類もそれほど奇異に映らなかったらしく、経営企画職として採用された。望んだ職務ではなかったが、ここを起点に自分の道を切り開こうと思った。数年働くうちに、バロース社はスペリー社と合併してユニシス社となった。

あの頃に学んで、心に残っている大きな教訓が１つある。バロース社は、巨大企業ＩＢＭと張り合うには自分たちは小さすぎると考えていた。そのため、スペリー社と合併して規模を獲得する戦略を取った。けれどもその後、私たちは、規模がすべてではない、むしろ変化の激しい時には、多くの場合足かせになるのだと知る。私が後に経営した会社はどこも、はるかに大きな相手と競合することになったが、小さいことが強みになった。既存の大手企業は予想外の事態に混乱するばかり。赤ん坊も成長すれば戦士になるのだ。

どんな人も、キャリアの初期にはどの「エレベーター」に乗るか、慎重に選ばなくてはならない。上に行くエレベーターもあれば、下に行くエレベーターもあるし、動かないものもある。自分ではコントロールできない部分が大きいから、賢く選んでほしい。シリコンバレーでは、こうした現象によってあからさまな差が出ている。この20年間、グーグルやアマゾン、アップルに勤めてきた人たちは、個人の実績にかかわらず華々しい日々を送ってきたのではないだろうか。一方でＩＢＭやＨＰなどに留まった人たちは沈滞を味わったことだろう。

バロース社・ユニシス社で５年働いた私は、80年代には黎明期にあったソフトウェア業界に入りたいと考えた。マイクロソフトはすでに定評があったが、オラクルはまだまだスタートアップという印象だった頃だ。残念ながら、私はいた場所が悪かった。ミシガン州は自動車産業に関してはすばらしい地域だったが、ソフトウェアに関しては不利だったのだ。それでも私はコムシェア社という、アナーバーのタイムシェアリングシステム会社にプロダクトマネジャーとして就職した。データ分析やオンライン分析処理の先駆けである、「意思決定支援システム」を開発していた会社だ。

20代も後半を迎え、私は何とかして自分の力量を証明したいと躍起になっていた。「どんなプロダクトでも持ってこい。ポンコツだっていい。俺の実力を見せてやる」と叫びたかった。だが、そうはいかない。当時の会社は今よりずっと四角四面で、上下関係に厳しく、硬直的だった。ヨーロッパから来た気難しい若造に賭けたりはしないのだ。会社では各部署の間に壁があり、責任が分断されていて、プロダクトマネジメントとはその狭間に存在するような職務だった。私は自分に割り振られていようがいまいが、あらゆることを自分の仕事として推し進めた。けれどもこういう働き方は、必ずしも同僚や上司からよく思われなかった。今では、私は常に皆の当事者意識を高めることで、一人一人が責任者として行動できるようにしている。こうしたメンタリティは育てなければ成立しない。

その後、フラストレーションに突き動かされた私は、よく考えもせずに、大学時代の友人たちと共に、オランダのスタートアップ企業へと身を移すことになる。やってすぐに、愚かなことをしたと気付いた。今にして思えば、あの頃は檻に閉じ込められた動物のような気持ちだったのだ。しかし、長い目で見ればよかったといえる。流れを大きく変えることができたからだ。

コンピュウェア社

まだコムシェア社に勤めていた頃、ミシガン州ファーミントン・ヒルズにあるコンピュウェア社からスカウトを受けていた。同社は成長を続けていて、当時、オープンシステムと呼ばれていた領域――基本的にＩＢＭのメインフレームやＤＥＣのミニコンピュータ以外のあらゆるプラットフォームを指す――に参入しようとしていた。私はコンピュウェア社初の、非メインフレームのオープンシステムを担当するプロダクトマネジャーとして採用され、これでキャリアに弾みが付いた。7年のうちにバイス・プレジデント兼ゼネラルマネジャーに昇進し、さらに大きなチャレンジをする準備が整うこととなった。

ミシガンのオフィスで働いた期間は、結局18カ月ほどに留まる。コンピュウェア社が偶然にも、クロスプラットフォームのアプリケーションソフトウェアを開発していたユニフェイスというオランダ企業を買収したのだ。間もなく、コンピュウェア社は頑固なオランダ文化に悩まされるようになり、問題を整理できるオランダ人マネジャーが必要となった。私はこの役割を引き受け、アムステルダムに戻って、混乱の様相を呈するユニフェイス社のオペレーション全体を見ることにした。同僚からは、「ユニフェイスは救いようがないから行くな」と忠告された。会社もろとも私が沈没すると思ってのことだ。買収された時点で、ユニフェイス社は現実的な製品サイクルの終盤へと向かっていた。

しかし、今に至るまで私のキャリアはずっと、勝ち目がなさそうなものや、誰も手を出したがらない仕事を引き受けることで積み上がってきている。いずれにせよ、目の前に開けた道はこれしかなかったし、どんなに条件が厳しくても気にならなかった。若者は、自分の能力を過大評価するものだ。乗るエレベーターを間違えるとどうなるか、わかりはじめたのはこの頃だった。

ともあれ、ユニフェイス社をどうにか安定させることができ、同社は25年たった今でも存続している。この経験は、30代半ばのキャリアにおける大きな糧になった。それまでは、事業に不可欠な大口顧客をたくさん抱えたことも、数百人の社員を任されたこともなかったからだ。この頃から養われはじめた才能を見抜く目は、後の経営の土台になってもいる。私は自分自身にも他人にも、多くを求めた。いい部下を持つと成功できるが、同時にいい部下には本物のリーダーシップが必要であり、ふさわしい。

３年後にはミシガン州に戻ることになっていたが、コンピュウェア社は、今度はカリフォルニアで別の難事を抱えていた。会社はシリコンバレーのスタートアップ企業をいくつも買収しており、エコ・システムズと名付けて一部門として運営していたのだが、自分たちのやり方を貫こうとする中西部の保守的価値観が、シリコンバレーの考え方と真っ向から衝突したのだ。ＩＴバブル真っ盛りだった１９９７年の後半に、私は現地入りした。多くの企業が、成長率や利益率ではなく、目算に基づいて上場していた頃だ。

伝統的で保守的な中西部のビジネス文化と、急進的で起業家精神に富むシリコンバレーのやり方との間で、私たちは板挟みになった。苦戦していたプロダクトの数々を安定させることはできたが、優れた人材は流失し続けた。本社が、ほかのドットコム企業が提示する額面と渡り合えるだけの給料や株式報酬を出させてくれなかったからだ。優秀な働き手は、昇進、昇給、株式をハロウィーンのお菓子でもバラまくかのように与える他社に群がった。それはもう、常軌を逸した勢いで。私たちも大々的に採用はしたが、雇うそばからどんどん人が出ていった。この時に取った打開策を、私は今でも使っている。これから伸びる人材を、成長を見越して雇うのだ。経験よりも適性重視で採用し、千載一遇のキャリアチャンスを与える。すると雇われた側は、失敗できないという思いからモチベーションが上がり、ひたむきに努力するのだ。優秀な人材であれば、このチャンスをつかみ、私たちと共にキャリアを加速させていくことができる。

今でも私は、経験よりも適性重視で採用することを心がけている。必ずしも「あれもこれも経験済み」といったタイプが必要なわけではない。履歴書を見てチェックマークを付けるだけなら簡単だ。それよりも適性を見極めるほうが難しい。ハングリー精神、態度、持ち前の能力に注目したいものだ。もしかしたら、かつて私がずっとそうだったように、キャリアに不満を抱いている人物がいいかもしれない。あの鬱屈を強力な戦略に昇華させて、ビジネスの推進力にできたことには、とても満足している。従来の採用方法で雇うよりも、優秀で、人件費が安く、忠実で、モチベーションの高い人材を確保することができるようになった。もちろんリスクはあるが、どんな採用にもリスクは付き物だ。実際に私も、すばらしい履歴書を基に採用し、不発に終わったことは何度もある。

ボーランド社

２０００年の半ば、私はコンピュウェア社を離れて、ボーランド社プロダクト・オペレーション部門のシニア・バイス・プレジデントに就任した。基本的に、営業と総務以外のすべてを統括する役職だ。ボーランドもかつては、熱狂的とまではいかなくとも、ひいきにしてくれる開発者を持つ、勢いのある有名ブランドだった。しかし苦境に立たされ、当時は社名まで変えてインプライズとなっていた。私たちは社名を戻し、ボーランドのブランドと事業を復活。同社はサン・マイクロシステムズ社のＪａｖａプラットフォームでソフトウェア開発ツールのラインアップを充実させ、状況を回復させていった。そんなこんなで、40歳になろうというのに、私はまだ問題児の対応に明け暮れていたのだった。

古巣である中西部のコンピュウェア社を離れた私は、シリンコンバレーで人脈を広げるようになった。会合の機会が際限なくあるのがシリコンバレーだ。リクルーターにベンチャーキャピタル、そして売買、投資、雇用を希望する企業がひしめいている。まるで、ミツバチの群れが巣を作っていくように、常に新しい会社が生み出されていた。

コンピュウェア社での7年間と、そこで重ねてきた経験に感心する人は、シリコンバレーにはほとんどいないということに私はすぐ気付いた。CEO職のオファーは舞い込み始めたが、大半は問題を抱えた、底辺のスタートアップ企業のもの。業界の友人たちからは、できるだけこらえて二流、三流の案件は避けるようにといつも言われていた。どこにも行かないエレベーターに乗ることになってしまうからだ。

よりよい条件のポストには何度も、同じ理由で不採用になった。「営業管理の経験をお持ちでないので」と。確かに未経験だったが、プロダクト側の人間としてはかなり営業志向だ（と自分では思っていた）。それを履歴書で示すことは、私には不可能だった。今までずっとプロダクト畑にいた人間が、いきなり営業に移ることも考えられない。けれども私は先頭に立って、営業と肩を並べてプロダクトを売ってきたのだ。何度も不採用になったことで、才能を顔の前に突き付けられても見抜けないベンチャー投資家の多くに対し、私は批判的な見方をするようになった。

後に、シリコンバレー史上屈指の急成長を遂げた3社のCEOを務め、否定的だった人々に対していくらか溜飲を下げることになる。

データドメイン社

2003年春、ついにデータドメイン社という、立ち上げ間もないスタートアップ企業から声が掛かった。当時は、まだ収益もなければ顧客も付いていない状態。私の興味をそそったのは投資家たちだった。グレイロック社のアニール・ブースリとNEA社のスコット・サンデル。どちらも一流ファームの実力あるベンチャー投資家だ。彼らは私の型破りな経歴にとらわれず、不屈の精神を見抜いてくれた。創業者はカイ・リー博士というコンピュータサイエンスの教授だったが、秋にプリンストン大学に戻らなければならず、CEOが必要とされていたのだった。2003年7月、私はデータドメイン社の最初の（そして唯一の）CEOに就任した。

その頃までにはITバブルが崩壊し、シリコンバレーは荒廃の様相を呈していた。需要の低迷によって人材確保は容易だったが、新興企業の資金調達は難しくなっていた。物事はスピード感を欠き、気だるい雰囲気が漂う。スタートアップ企業は働き手に高リスクとみなされた。おまけに顧客も、EMCやネットアップのような、リスクの低い大手からデータストレージを買いたがる。シリコンバレー全体が熱狂から醒めて意気消沈しているかのようだった。そんなわけで、データドメイン社の未来はまったく読めず、予測の付けようもなかった。企業向けIT分野に何百とあるスタートアップの1つにすぎなかったのだ。

ベンチャー投資家たちからは、ロールモデルとして他社の事例を教え込まれた。その中には、名前さえ思い出せないような企業もある。後にデータドメイン社をロールモデルにしろと言われたCEOの人々に私は今でも謝るのだが、ベンチャー投資家にはいまいましい習慣があって、その1つが「パターンマッチング」だ。つまり、成功しているとされる他社の事例に基づいてアドバイスや提案をしてくる。まったく同じ会社など2つとないし、他社がやっているからといって、正しいとは限らないのに。

データドメイン社の初期に私たちが経験したことは、ときめきを誘うようなものではない。同社のバックアップ・ディスク・ストレージアレイには、設計の優れたデータ重複排除機能が組み込まれていた。オンザフライ、あるいは当時の言い方だと「インライン」で、中間処理を経ずに、冗長なセグメントをフィルタリングしてくれる。しかも、高速かつ低コストで。アーキテクチャが優れていたことは、恒久的な差別化要因になった。今も私たちはスノーフレイク社で「大事なのはアーキテクチャだ」と言い続けているのだが、私がCEOを務めた3社が成功できたのは、結局のところ優れたアーキテクチャに起因する。

ところが、プロダクト第1号だったDD200バックアップストレージアレイは小さく、速度も足りず、販売を続けていけるだけの実質的な使用例もほとんどなかった。ファイルシステムやデータベースのような規模のものになると、バックアップがまったくできない。もっと大型でより高速な製品ができるまで、研究開発モードに戻ることも話し合った。だがもちろん、それでは資金が集まらないことが懸念される。あの頃、資金は酸素のようなものだった。スタートアップ企業は当時、1つの資金調達からその次まで、綱渡りで経営していたのだ。

そこで、1年目にはわずかなメンバーで売れるだけ売り、300万ドルの売上を積み上げた。翌年はプロダクトのサイズと速度を倍にして、1500万ドルに到達。「もっと低カロリーに、もっとおいしく」という、昔のミラーライト・ビールのCMのごとく、「もっと大きく、もっと速く」が私たちの合言葉になった。そして、その点について決して妥協することはなかった。

方向性が見えたので、私たちは技術ロードマップが許す限りのスピードで徹底的にビジネス規模を拡大。1500万ドルから4500万ドル、1億2500万ドル、さらには2億7500万ドルへと年間収益を伸ばしていった。ある取締役会の様子を今でも覚えている。四半期のうちに会社全体の規模が2倍になったという事実を、取締役たちがじわじわと理解していったのだ。データドメインはハードウェア基盤でありながら、利益率はソフトウェアのごとく80%台前半となっていた。

ウォール街での新規株式公開数が下落してから約6年、2007年にデータドメイン社はナスダックに上場した。2009年には、EMC社が公開買い付けでネットアップ社と争い、注目を集めた末に、データドメイン社を買収。現在、EMC社はデルの傘下となっている。信頼できる筋の話だと、10年以上たった今でも、データドメインは同社のプロダクトの中でも群を抜いて利益への貢献度が高いそうだ。EMC社がデータドメインの販売を大きく広げた結果、急速に数十億ドル規模のビジネスへと成長し、現在に至っている。

EMC社のCEOを務めたジョー・トゥッチは、「データドメイン社の買収は、ヴイエムウェア社買収以来のいい買い物だった」と述べている。EMC社史上、最大規模の買収でもあった。

データドメイン社は、創業以降、投資家から得た2800万ドルの元手を消費したが、6年後には株主に24億ドルを還元した。これこそ資本と人材の結び付きが生んだ魔法であり、経済と資本主義の本質だ。かつて経済学を修めた者として、何年も前にロッテルダムで学んだことが、この時になってより深く理解できるようになっていた。

転機：EMC社とグレイロック社

買収によって、私はエグゼクティブ・バイス・プレジデント兼部門長としてEMC社で働くことになった。そうしたかったというよりは、数十億ドルの資産を売却した以上、事業と人材を守るのが道義上の責任だと思ったからだ。結果的にも必要なことだった。EMC社のCEOは賢明で、私たちにEMC社のデータ保護製品を丸ごと見るよう求めた。なるほど、任されたものは、ほとんどが低迷しているか下降線をたどっている。大企業では、プロダクトがあっさり放置されることがあるのだ。腐れ縁とでも言うべきか、私には振わない技術資産が付いて回るらしかった。

データドメイン社をEMC社に売った理由としては、EMC社がこちらにない補完的なストレージアセットを持っていたことが大きい。私たちはプロダクトを修正・統合して、後は名高いＥＭＣ社の営業と販売網に委ねればよかった。そして実際、うまくいった。私の事業部は間もなく、強力な成長部門として会社の利益に貢献。その後、最初にＥＭＣ社と合意していたとおり、私は18カ月で退職した。

ベンチャー投資家と共に何年も働いたので、私はテック分野でこの仕事をやっていけるか試すことにした。ベンチャーキャピタルであるグレイロック社に、パートナーとして合流したのだ。たくさんの人があけすけに「続かないだろう」と言ったが、彼らは正しかった。私は準備ができていなかっただけでなく、パートナー経営者としての気質に欠けていたのだ。グレイロックはすばらしい会社だが、とにかく相性がよくなかった。ほとんどのベンチャーファームはパートナー制で、指揮系統がない。メンバーの権限が平等で、皆で仲良く、一緒に意思決定をすることが期待される。私は、まさに水を離れた魚だった。

サービスナウ社

２０１１年、私はサンディエゴを拠点として急成長していたサービスナウ社と話し合いを持ちはじめた。同社は、南カリフォルニアののんびりしたライフスタイルの香りに満ち、仕事の優先順位が低いように見えた。しかし、当時の収益ランレートはすでに7500万ドル。経営に関する著書で知られるジェフリー・ムーアが提唱した、悪名高いスタートアップ企業の「キャズム」も、ほとんど成長の妨げにはなっていなかった。驚くことに、わずか6000万〜7000万ドルの自己資金で創業し、事業から得たキャッシュ5000万ドルをバランスシートに計上することに成功していたのだ。

当時はまだ、創業者がCEOとして経営を担っていたのだが、財務部門が過度に力を握っていて、会社は文字どおり資源に飢えていた。研究開発部門と顔を合わせてみると、創業者と、彼に近しい数人しかいないありさまだった。損益計算書を見る限り、研究開発費は収益の2％にも達していない。このくらいの発展期にある企業なら、パーセンテージとして15〜20倍を見込むのが普通だろう。新CEOとして、私はすぐさま、この状況の改善に乗り出した。

私たちのいわゆるクラウドは、ホスティングサービスだった。GE、ジョンソン・エンド・ジョンソン、ドイツ銀行などの大企業がアーリーアダプターとして利用してくれていたのだが、私の元にはそういった会社のCIOたちから、「どうなってるんだ」とせっぱ詰まった様子で電話がかかってきた。そう言われて当然の状況で、私は1年半の間ずっと、電話に出るのも、朝一番にメールを開くのも不安だった。やるべきことは多かったが、まずもって、どうやればいいのかがわからない。クラウドコンピューティング基盤を構築したことのある人間が、社内には皆無だったのだ。

しかし一方で、新しい顧客の取り込みも続いていた。私たちが提供していたものは、コンピュータサイエンスで言うところの本物のクラウドではない。ホスティングサービスであり、顧客は各自のハードウェアとソフトウェアのインスタンスを持っていた。サービスナウは、顧客がコンピューティングリソースを共有する、いわゆる「マルチテナント」ではなかったのだ。最終的には、イーベイの初期を実際に支えた経験のある人々と手を組むことになった。今にして思えば、彼らの経験も限られたものだったが、当時の我々の知識に比べればずっと頼りになった。

サービスナウ社が自爆寸前だということに気付いている人間は、社外はもとより社内にも多くなかった。ある金曜日、フリーランスの技術者が何の気なしに８００顧客分のアップグレードを行い、該当のシステムをそっくり破壊・停止させてしまうという事件があった。私たちは今でも、この日のことをブラックフライデーと呼んでいる。いまだに、あの事態をどうやって切り抜けられたのか不思議だ。それ以来、フリーランスを「失敗したら一発退場」とばかりに警戒するようになった。

幹部の中には、もう怖くてたまらないから会社を売却してほしい、と私に懇願する人もいた。ある時などは、創業者のフレッド・ラディも「うちは、ホイールナット１つで仮留めしたタイヤで、山の斜面をガタガタ下っていくトラックのようなものだ」と言ったくらいだ。いつバラバラになってもおかしくないという気がした。

創業者フレッド・ラディと私は、最初の頃は衝突していた。彼は、私と私の仲間を会社に入れて後悔している、とまで言った。ある時などはメールで、自分が私の上に立つと宣言したこともある。私は、ＣＥＯの上に立つことなどできないと説明しなければならなかった。そして「取締役会に、私をクビにして君を昔の職に戻したいかどうか諮《はか》ってみるといい。それまでの間は私の方針に従ってくれ」と言った。やがてフレッドは考えを変え、最後には私のファンになってくれたが、それには時間がかかった。変化というのは難しいものだ。

不安な2年間を何とか乗り越えて、サービスナウ社は体制を立て直した。私たちは会社の進展を鈍らせることなく、むしろどんどん加速させていった。チャンスを潰すわけにいかない。猛スピードで成長しながら、同時にサービスを構築していった。企業カルチャーも整って、より地に足が着き、体系立った分析的な目で、課題を見つめることができるようになった。一歩一歩、着実に前へ。１つ、また1つとレンガを積み上げる。そうやって急成長を始めた頃には、たくさんの人を雇ったが、解雇することもまた多かった。

変革の必要に迫られていたのに、ついに実行できなかったというデータドメイン社での経験は、私のトラウマになっていた。売却に至った原因は、変われなかったことだ。大規模な企業買収をしない限り、主幹事業であるバックアップ・リカバリービジネス以外に拡大の余地はなく、行き詰まって、市場が尽きてしまう状況にあった。かといって、バランスシートや時価総額から考えても、買収によって成長するだけの力はなかった。しかし、EMC社にはそれがあった。後は歴史が示すとおりだ。

サービスナウ社では、データドメイン社と同じ轍を踏まずに、当初の獲得可能な最大市場規模（TAM）を超えて成長するにはどうすればいいのか、徹底的に考えた。一度痛い目を見ると、慎重になるものだ。CEO候補として取締役会の面接を受けていた頃から、IT分野以外でも同社のプロダクトが使われているという話は何度も聞いていた。サービスナウ社の社員たちは特に気に留めていなかったが、私はとても重要なことだと感じ、印象に残っていた。どんな業務分野にも適用できる、包括的なサービス管理ワークフロー基盤なのではないかと思えたからだ。市場がそのことを示していた。

目下の、急を要する業務課題を克服してから、私たちは動いた。ライセンスを与える範囲を、ヘルプデスクの管理スタッフからIT職全員へと拡大したのだ。インシデント解決のワークフローにIT部門全員で関わるという考え方だ。ヘルプデスクだけでなく、システム管理者、データベース管理者、ネットワークエンジニア、アプリケーション開発者も含まれる。サービスナウは、記録システムであると同時に、ＩＴ部門全体をつなぐシステムとなった。そして、最高情報責任者が活用できるシステムにもなりつつあった。プロダクトのポジショニング（訳註：競合する製品と差別化された位置付け。あるいはその位置付けを確立する取り組み）が拡大したことで、顧客の組織における私たちの地位も向上。より大きな取引を行うことができるようになり、本当の意味で、大企業のための戦略的ＩＴ管理基盤になることができた。

これが軌道に乗ると、私たちは事業をさらに拡大し、企業用ＩＴ以外の業務分野で事業ユニットを６つほど立ち上げた。ベースとなるサービスナウのソフトウェア基盤を活かしつつ、アプリケーションレベルで新しい用途に適用させたのだ。こうして、それぞれの業務分野に特化したプロダクトができた。そのうち、ごく一部でも成功すればと思っていたのだが、程度に差こそあれ、すべてが熱を帯びる展開となった。組織モデルが変わったことで、各チームが外部組織に過度に依存することなく、自分たちで優れた力を発揮できるようにもなった。こうしてサービスナウ社は、むき出しの意欲、実力を証明したいという気持ち、挑戦的な姿勢を持つ幹部社員にとって、理想的なトレーニングの場となった。そして私は喜んで、彼らがリーダーとして成長する手助けをした。

私たちはカスタマーサポートにサービスナウを活用することで、サービスクラウドの領域にも踏み込んだ。自分たちでもそうやって使っていたので、ぜひやるべきだという強い声が社内にあったのだ。私はそこまで手を広げるのはまだ早すぎると考え、いったんはその案を退けた。顧客としてサービスの購買決定をする人々がこれまでとはまったく別になる。私たちは相手を知らないし、相手だって私たちのことを知らない。しかも、そうした分野でプロダクトに求められるのは、企業向けというよりどちらかというと消費者向けの仕様で、ユーザーインターフェースももっと洗練させなければならなかった。だから、結局は私が折れたものの、確信は持てないままでいた。しかし、間違っていたのは私のほうだとわかった。展開してみると、しっかり収益源になった――いや、むしろ大成功だったのだ。自分の考えをいったん脇において、他人の意見に賭けるべき時というのは確かにある。

私たちのポジショニングはさらに向上し、大企業の数々があらゆる業務分野のワークフロープラットフォームとしてサービスナウを指定するまでになった。企業の従業員はサービスナウという単一のシステムでやり取りするだけでいい。インシデント、問題、問い合わせ、タスクに対応できる部署や担当者を探して、社内をあちこち回る必要がなくなった。大企業の中には、サービスナウ上でいわゆるグローバルビジネスサービスを運営するために、新しいチームを立ち上げたところもある。サービスナウは、無限の可能性を秘めた業務ワークフロー基盤へと進化したのだ。時に私はサービスナウのことを、メールやそのほかのさまざまなメッセージングサービスによる非構造化メッセージと対比して、「構造化メッセージング・プラットフォーム」と呼んできた。「構造化」というのは、メッセージ内やタスク内でデータが定義され、かつロジックが無制限に動作できるという意味だ。

2012年、ニューヨーク証券取引所への上場計画を発表すると、多くの人が無理だとばかりに否定した。私たちが投資家に向けて説明を行っている中で、ガートナー・グループは投資家たちといわゆる炉辺談話を持ち、私たちのメッセージ一つ一つに懐疑的な見方を示したりもした。だが批判していた人たちも、最終的には自分たちの認識が全面的に間違っていたことを認めざるを得なくなった。この章を書いている時点で、サービスナウ社の時価総額は1000億ドルを超えており、今なお成長を続けている。

つかの間の引退生活

その当時は気付かなかったが、2017年までに、私は燃え尽きていた。あまりにも長く前線に立ち続けて、力を出し切ってしまったようだった。そこで私は身を引き、イーベイ社の元CEO、ジョン・ドナホーに指揮を譲った。サービスナウ社は絶好調だったし、直近3年間で成長軌道に乗ったので、そこから脱線することはまずないだろうとも思っていた。2019年には、SAP社のCEOを務めたビル・マクダーモットがドナホーの後を継ぎ、同社は今も快進撃を続けている。

2017年の4月、引退してから最初の数週間は、解放感のあまり有頂天と言ってもいいくらいだった。月曜日に仕事に行く必要もないし、四半期ごとに額に銃を突き付けられる気分になることもないというのは、最高だ。何十年もの激務を経て、ようやくたっぷりと自由時間を手にすることができていた。

私は、大好きなヨットに多くの時間を費やすようになった。チームの仲間と、見えざる手《インビジブル・ハンド》号と名付けたTP52でカリフォルニア、メキシコ、ハワイのレースに出場した。一番嬉しかったのは、1906年以来、隔年で開催されている代表的な外洋レース、トランスパックで2017年に優勝したことだ。ロサンゼルスを出発して、はるばるハワイのオアフまで帆走する。ビジネスと同じく、私たちはすばらしい人材の確保に力を入れた。インビジブル・ハンド号には、経験豊富なセーラーによる一流チームが乗ることになり、私は彼らと共に海に出られる興奮をかみしめた。

ヨットのほかには、ベンチャー投資家の友人たちとアーリーステージの会社に投資し、数社で取締役にも就任した。けれども正直、すばらしいボードメンバーにはなれなかった。取締役は経営陣にすべてを任せなければならないのに、私はどうしても我慢できなくなって口を出してしまう。グレイロック時代にわかったとおり、私は気質的に投資家でも顧問でもなく、オペレーターなのだった。

取締役を務めた会社の１つが、ピュア・ストレージ社だ。フラッシュストレージアレイで成功していた企業で、後に上場したが、当初はサッター・ヒル・ベンチャーズ社のマイク・スパイザーの資金で創業された。マイクはほかに類を見ないベンチャー投資家だ。まったく新しいアイデアを思い付き、最高に優秀な人材を集めて、スタートアップ企業として立ち上げ、多くの場合、その初代ＣＥＯもこなしてしまう。

ピュア・ストレージ社のほかに、マイクは２０１２年にスノーフレイク社を立ち上げていた。私たちは時々会って情報交換をしていたのだが、その中でスノーフレイク社の近況についても聞いてはいた。取締役になってくれないかとも言われていたが、実現はしなかった。なにしろ当時の私はヨットレースに夢中だったのだ。けれども２０１９年３月のある午後、昼食を共にしていると、マイクが出し抜けにこう言った。「どうしたら、スノーフレイク社の舵を取ってくれる？」私の反応はこう。「何だって？」

現場に戻ることは決めていなかった。真面目な可能性として考えてすらいなかったのだ。誰かに聞かれたら、いつも「絶対にないとは言えないね」とお決まりの答えを返していた。ほかの会社とは話をしたこともない。しかし、スノーフレイク社は特別だった。アマゾン・ウェブサービス（AWS）やマイクロソフト・アジュール、グーグル・クラウド・プラットフォーム（GCP）といった、新しいクラウドスケールのコンピューティング・プラットフォーム向けの、データ管理基盤を構築していたからだ。創業したのは、当時最先端のデータベース技術に精通した筋金入りの技術者。けれども彼らはそうした既存の技術をクラウドに持ち込もうとはしなかった。その代わり、データ管理を徹底的に再構築し、改革したのだ。まったく白紙の状態から始めるのに近く、こういうことはテック分野ではめったにない。

ほかの会社だったら、現場に戻ろうという気にはならなかったと思うが、スノーフレイク社のCEOというチャンスには抗いがたい魅力があった。今、私の原動力はキャリアに対する野心というよりも、楽しさ、活動、興奮、チームワークへの渇望、そして自分を高めたいという飽くなき欲求だ。引退生活もよかったが、難局を乗り切るべく挑戦するほうが、私の気質には合っている。

スノーフレイク社

２０１９年４月26日、私は本格的に再始動した。好材料として、スノーフレイク社は当時すでに乗りに乗っていて、直近の業績には目を見張るものがあった。複雑なクエリやデータインジェストのような、中核となるデータ管理プロセスは、オンプレミスのデータセンターに比べて、１桁も２桁も高速だった。対応できるデータ量が飛躍的に増え、演算性能が劇的に向上し、ワークロードの実行が事実上、無制限で同時進行できるようになるなど、多角的な革新が一気にもたらされたのだ。ワークロードは必要性と予算に応じて、いくつでも起動できる。そして、希望と予算次第で何度でも走らせることができる。オーバープロビジョニングによって、ワークロードをこれまでよりずっと高速で実行することもできるようになった。さらにユーティリティ・モデルを採用している。つまりリソースを好きなだけ、何時間でも使ってもらって、実際に利用された分だけ課金するということだ。

一方、悪材料は、まさしく成長が桁外れだったせいで、会社が自己陶酔に陥っていたことだ。なぜマイクがあんなに会社の運営方針を憂えていたのか、そして改変を検討するよう取締役会を説得したのか、私はだんだん理解しはじめた。プロダクトはすばらしいのに、実行力には知れば知るほど疑問符が付く。損益計算書からは、資金の潤沢さと同時に規律のなさがうかがわれた。劇的な改革をしなくても、おそらく100億ドルほどの価値でエグジットできたかもしれない。でも、だったら1000億ドルだとか、それ以上を目指すべきではないだろうか？　最高を超える哲学に沿って物事を進めさえすれば、そのチャンスはあった。

CEOに就任してから最初の数週間は大混乱だった。さっそく、多くの部門長を解任したからだ。前のCEOには直属の部下が十数人いたが、私は5、6人で済ますつもりだった。急な改変だったから、よく知りもしないうちに彼らを外したとして非難を浴びた。期待に応えられると証明するための適正なチャンスを全員に与えるべきだった、と言うのだ。でも私はそうは思わなかった。不確定要素や疑念は払拭しておきたかったから、私は前の会社で一緒に仕事をしたことのある実力の確かな幹部を迎え入れた。さまざまな問題を抱える企業を引き継いだら、難しい問題に集中するためにも、まずは単純な問題から早急に解決しなくてはいけない。そのために、腕の確かな人を引き入れるのは考えるまでもないことだった。

たとえば、私がマイク・スカペリを初めて採用したのは、2006年、データドメイン社のCFOとしてだ。2011年に私がサービスナウ社に合流する際には、就任前から取締役会に話をつけ、彼を同じ役職で採用することを認めてもらっていた。今回も、スノーフレイク社のCEOを引き受けると決める前からマイクに声を掛けていた。私たちはセット売りなのだ。マイクがまた「副操縦士」を引き受けてくれなかったら、おそらく私はCEOの話を断っていただろう。私がオフェンスならマイクはディフェンス。完璧な相棒だ。基準や優先順位について考えが一致しているので、たいていは短い会話で事足りる。こうしたわけで、スノーフレイク社の取締役会もマイクをCFOとして雇った。

スノーフレイク社にはすでに、本当に優秀な人たちがたくさんいたことは間違いない。特にプロダクト部門、そしてマーケティング部門。営業部門にはいくつかの問題があったが、ビジネスの基幹部分ということもあり、じっくり時間をかけて取り組むことにした。手術と同じで、ところ構わず処置すると助けるどころか傷つけてしまうし、私たちには、営業の勢いを殺《そ》いでいる余裕はなかった。一方、総務部門は虫の息といった様子で、多くの変化を必要としていた。

プロダクト・オペレーション部門にはリーダーが何人かいて、それぞれが相反する優先事項を推進しようとしていた。私たちは何人かを解任し、共同創業者のブノワ・ダジェビルをプロダクト部門のトップに昇格させることで、指揮系統をまとめた。エンジニアリング部門にはグレッグ・チャイコフスキーという一流の幹部を新たに採用した。このチームは現在、かつてないほどうまく回っている、というのがベテラン社員たちの弁だ。

スノーフレイク社は、２０２０年9月16日にニューヨーク証券取引所に上場した。私たちのチームが着任してから約1年半後のことだ。ソフトウェア企業として最大のＩＰＯ、テック企業でも史上最大規模のＩＰＯだといわれ、スノーフレイク社の株価は急騰、時価総額は７００億ドル以上となった。誰もがスノーフレイク社に関わりたいと考えたのだ。

最高を超えるリーダーになる

若かった頃の自分と、年を重ねた自分を比べて大きく違うところは、事実として何が起こっていて、最高を超える組織にするためには何が必要なのかを把握するスピードが速くなったことだ。昔は行動をためらって、状況を見守りながら、業績の振るわない人やプロダクトを手放さずに、どうにかよくしようとすることが多かった。その頃の私は、今よりもずっと理性的で思いやりのあるリーダーと見られていたけれども、それが正しかったということにはならない。経験を積むにつれて、そういう態度が皆の時間を空費していたのだと気付いた。物事にせよ人にせよ、うまくいっていないとわかっているなら、待つ必要があるだろうか？

「何か違うな、という印象に間違いはない」という名言もあるくらいだ。

続く章を読んでもらえれば、あなたの組織で同じようにするにはどうすればよいか、さらに詳しく理解できると思う。ミッション主導でパフォーマンスの高い会社にするには、何を残し、何を捨て、何を修正すべきか、あなたも素早く判断できるようになるはずだ。

第2部

Raise Your Standards

基準を上げる

第3章 ミッション主導の組織作り

ミッション主導とは何か？

これまでに私が経営してきた3社（データドメイン社、サービスナウ社、スノーフレイク社）の経営マインドセットを最もよく表す言葉は「ミッション主導」だ。明確で説得力のあるミッションは、継続的な成功と成長のために不可欠だった。会社の可能性を徹底的に追求する中で、焦点の絞れたミッションに助けられたことは数知れず。ミッション主導でやってきたからこそ、皆がやる気に満ち、集中でき、前のめりで、情熱的――むしろ熱狂的といえるかもしれない――でいられた。

ミッションに従うというのは、単に頭で理解するだけでなく「直感的」な行為だ。組織にはっきりした目的があれば、体の芯でそれが感じられる。出勤する日の朝は力がみなぎるし、一日の終わりにはミッションに向かって積み重ねたあらゆる進歩に満足できるだろう。ミッションに従うと、人は特別な力を発揮する。一丸となって大きなことを成し遂げようとする時の目に見えないエネルギーが、劇的にパフォーマンスを上げてくれるのだ。こうなると職業人生はより生産的なだけでなく、より楽しいものになる。

反対に、些末な「やることリスト」を消化したり、他人に責任転嫁したり、メールを読んで転送したり、面倒なことにならないように失敗を隠したり……といったことに日々明け暮れている気がするなら、それはミッションに従っていない証拠だ。「及第点でよし」という雰囲気の会社に連日出勤したところで、楽しくもなければ力も湧いてこない。日々をやり過ごすだけのキャリアは憂うつだ。もしあなたの会社では多くの人がそんな感じだというなら、企業として重篤な状態にある。

もちろん、「ミッション主導」という言葉を生み出したのは私ではない。以前の私は無邪気にも、ミッションを持つことの大事さなど言うまでもないと思っていた。当然、どの会社も存在理由や達成すべき目標を認識していて、それを皆にはっきり伝えているものだと。そうでないなんて、誰が思うだろう？　おそらく数十年前は、明確な目的を持つことが普通だった。でもここ最近は、会社の存在意義が、さっぱり不明とまではいかなくても、あいまいなケースが増えてきているようだ。以前は当たり前だった明確なミッションが、今ではむしろ珍しくなっている――ということは、この点をきっちり押さえているリーダーは競争上有利だ。

それでは、優れたミッションの3基準――「壮大」「明確」「非金銭的」について見ていこう。

優れたミッションは壮大（でも不可能ではない！）

現在、スノーフレイク社のミッションは、クラウド時代に限らずコンピュータ史上で世界一のデータ&アプリケーション基盤を構築し、世界のデータをモビライズすること。ことん野心的だと思う！　業界のあらゆる企業の取り組みを、規模や領域ではるかに超えることになるからだ。逆風も吹くだろうから、やすやすとゴールにたどり着けるとは思わない。それでも一丸となって覚悟を決め、集中すればするほど、理想に届く可能性は高まる。不可能ではまったくない。

データドメイン社で私たちがミッションに据えたのは、データバックアップとリカバリーの標準環境だったテープオートメーションを撲滅し、超効率的で高速なディスクとネットワークに置き換えることだった。「テープは最悪」を合言葉に、業界の常識に挑んだのだ。これもまた相当に野心的なビジョンだったが、最終的には達成した。バックアップとリカバリーは業界全体で完全にデジタル化、自動化されたプロセスとなり、時代の変化に対応しなかったテープオートメーション関連企業を除く、誰もが助かった。

サービスナウ社は、ＩＴサービスと業務管理における新たなグローバルスタンダードになることを目指した。と言うのも、それまでヘルプデスクで使われていた管理ツールは、ほぼ例外なくＩＴ担当者から嫌われていたのだ。融通が利かず、技術的にも扱いにくい。アップグレードしようと思うと時間も費用もかかり、リスクが高いわりにメリットが限定的だから、ＩＴスタッフはめったに実施しない。私たちは「世界中とはいかなくても、国中のＩＴスタッフを楽にしよう」という大きな目標を立てた。そうして今では、業界の誰もがサービスナウを使っているのでは、と時に感じられるほどになった。

優れたミッションは明確

ミッションが明確で力強いほど、皆がそれに集中しやすくなる。ミッションと関係のない問題やトピックが持ち上がっても、自然とそちらに余計な頭を割かなくなるからだ。優れたミッションは、そうした関係のない事柄に目移りすることによって皆の集中力が薄められる事態を防いでくれる。私がこれまで出会ったどの企業においても、目移りは大きな脅威となっていた。たいていは自滅的な行為を招いてしまう。

会社の焦点は時と共にぼやけるものだから、ミッションの的を継続的に絞り続けることが肝心だ。マネジャーという立場上、メールの受信箱や、Ｓｌａｃｋや、ソーシャルメディアに入ってくる見出しの一つ一つに、つい反応したくなる。しかし、ミッションとの関連性も考えずに、最新でピカピカの出来事に時間と注意力を振り向けていては、トラブルへの道をまっしぐらだ。目移りするような物事は日々必ず現れるから、絶え間なく闘っていかなければならない。

よく定義されたミッションの力は軍事史からもわかる。第二次世界大戦中、アメリカには「世界征服を狙う独裁者の阻止」という非常に明確なミッションがあった。同じことが、テロ首謀者であるオサマ・ビンラディンを討つべく、パキスタンの敵地深くに派遣されたアメリカ海軍特殊部隊ＳＥＡＬチーム６にもいえる。大胆なミッションと、極めて明確な目的があったおかげで、現場の情報に基づき、詳細で抜かりない計画を推し進めることができた。作戦は成功し、アメリカ側は死者も出さなかった。

けれども、ミッションを明確に定めるのは口で言うほど簡単ではない。アメリカは第二次世界大戦後の数十年間、勝利の定義が不明確なまま、あいまいな戦争の数々へと突き進むこととなった。とりわけベトナム戦争が有名だが、イランやアフガニスタンの戦争もそうだ。２００３年5月1日、ジョージ・Ｗ・ブッシュ大統領がイラク戦争における当初の戦況を受け、空母エイブラハム・リンカーンの甲板で「任務完了」を宣言したことは忘れられない。悲惨なことに、戦争はむしろあの頃に始まったようなものだった。サダム・フセインを追放したことによって、では誰がイラクを統治するのか、誰が派閥同士の内紛を食い止めるのかという問題が残ったからだ。ミッションが不明確で不十分なままイラクへ侵攻したせいで、何十万もの命、何兆ドルもの資金が潰えたのは間違いない。

さらに最近の例として、新型コロナウイルスによるパンデミックを思い出してほしい。アメリカでは当初、医療制度の崩壊を防ぐために、短期的な戦略としてロックダウンを行うという話だった。ところが、やがてそれは漫然と感染拡大を抑え込むための定型策となり、多くの州で1年以上もズルズルと続けられることになった。パンデミック対応は明確なミッションのない、「その場しのぎ」なものになっていったのだ。

組織の掲げる目的が変更・再定義され続ける状態を「ミッション・クリープ」（訳注：当初の目的を超えて任務が拡大していくような、終わりの見えない展開のこと）と呼ぶ。私たちはミッション・クリープに陥らないよう、常々用心していなければならない。

優れたミッションは非金銭的

金融街による四半期ごとの予想値や、そのほかの財務目標を上回ることは組織の目標ではない、と全員にはっきり伝えることが大事だ。こうした数字は真のミッションへ続く道にある道標にすぎない。もちろん財務指標を持つことや、投資家や株主に進捗を示すことが悪いわけではない。私も目標値とは真剣に向き合う。ただ、それらはミッションではない。私が率いた会社はどこも、世の中によいものをもたらし、顧客や従業員の暮らしをよくしたいという真の目的を持って事業をしてきた。そして、革新的なプロダクトで当時の当たり前を変えてきた。

コンピュータが生まれて以来、システムのバックアップとリカバリーの標準はテープオートメーションだったが、データドメイン社はそれに対するＩＴ業界の依存度を一変させた。ディスクとネットワークによる私たちのプラットフォームは、速くて、リカバリーの確実性が段違いで、経済的でもあった。テープによるバックアップ周りの作業は悲惨だったから、古い技術への未練もなかった。担当者が一晩中、あるいは週末いっぱいをバックアップやリカバリーのお守りに費やすことも多かったのだ。プロセスは不安定で、失敗も多く、たった1本でも不良テープが混じっていれば大惨事となった。私たちはよく、こんな冗談を言ったものだ。「テープを使ったバックアップは悪くない。データを取り出す必要がなければな」。

サービスナウ社のミッションは「ＩＴ企業の統合基幹業務システムになる」から、「あらゆる業務分野を対象とした、グローバルなビジネスサービス・ワークフロー基盤になる」へと発展した。今やサービスナウはＩＴスタッフから深く愛されるプロダクトになったが、それは普通の人にも親しみやすく、必要に応じて簡単に変更を加えられるからだ。ＩＴ担当者が「自分たちの」システムとして受け入れてくれたことが勝因となった。

スノーフレイク社が目指したのは、ビッグデータ処理の根本的な改革だ。それまでビッグデータ処理は、専用データウェアハウス基盤だとか、オラクルやマイクロソフトなどによる大規模な汎用データベース管理基盤で行われていた。そこに登場したのがスノーフレイク社の技術だ。桁違いの速さで処理できることがほとんどで、多くの顧客に衝撃を与えた。クラウドコンピューティングの実力が、いよいよ明らかになったのだ。ゲームチェンジャーとなった私たちは瞬く間に人気を得て、現在に至る。今、野心的でかつてないクラウドデータ基盤であるデータクラウドが、あらゆる業界や仕事を様変わりさせているところだ。

これら3社を合わせると、何千億ドルという市場価値が生み出されている。データドメイン社は純資本2800万ドルを使ったが、数年後の2009年、EMCに24億ドルで買収されたのはすでに書いたとおりだ。サービスナウ社は資本金650万ドルで立ち上げたが、その後1000億ドルを超える評価額を記録。スノーフレイク社は、IPO後のバランスシートが50億ドル超だったが、その後の時価総額は750億ドル近くとなった。

「生み出された価値のほとんどを手にするのは投資家や幹部だ」という批判もあるかもしれないが、それがすべてではない。確かに、投資家や幹部はスタートアップに対して大きなリスクを負うだけに、会社が成功した時には報われてしかるべきだ。けれど、価値創造には多くのスタッフも有意義な関わり方をする。たとえば株式のささやかな割り当てであっても、従業員にとっては人生を一変させるような大きな収入になることがある。住宅の購入、子供の教育、大切な人のケア、そして老後の資金に充てることもできるだろう。

こうしたことは常に私の頭にある。会社の命運がスタッフの未来を大きく左右するから、私の責任は重大だ。

全社会議で、時々こんな話をしてきた。「会社の繁栄を通じて、従業員の皆がより豊かな人生を手に入れられるよう、私は全力を尽くす。その代わりに、皆は全力の仕事ぶりで応えてほしい」。互いのためにベストを尽くすということだ。こう話すと疑わしそうな目を向けられることもあった。「ＣＥＯの目的が、俺たちの暮らしをよくすることだって？本気かな？」。本気だ。そして、各社でそれを証明してきた。今でも、辞めて何年もたった従業員からメールを受け取ることがある。会社のおかげで人生の軌道がどれほど変わったかという感謝のメールだ。

ミッションの育て方

ミッションを定めたら、どうやって全員に受け入れ、実現してもらえばよいだろう？鍵となるのは、「集中」「切迫感」「実行」「戦略」の４つだ。

「集中」しない限り、本当の意味でミッションに従うことにはならない。資源と処理能力をミッションに集約し、目移りを避ける。これには規律が必要だ。ミッションの妨げとなるような、目移りを誘う物事はどこにでもあって、たいていは善意に満ち、高潔で、やりがいがあるように見える。たとえば企業は今、いわゆるステークホルダーの数々に対応しつつ、気候変動や社会的不公正といった社会悪にも立ち向かうことが期待されている。しかし、ひとたび外的目標に振り回されて、自分たちのよりどころから離れてしまうと、そもそも集中すべき本来のミッションに戻るのは難しくなる。

また、ミッションは「切迫感」を持って扱わなければならない。営業の世界では「時間はあらゆる商談を殺す」と言われる。時間は味方ではない。新規参入者などのリスクをもたらす存在だ。競争から頭一つ抜け出すのが早ければ早いほど、成功の確率は高まる。切迫感は心の持ちようなので、生まれつき備えていなくても身に付けることが可能だ。迅速な行動に伴うしんどさを避けるのではなく、受け入れよう。リーダーの足取りが軽快であるほど、職場のカルチャーも活発になる。チームの全員が切迫感を受け入れれば、目移りに感じられるようになるだろう。そしてすべてがずっと軽やかで、迅速で、簡単に感じられるようになるだろう。チームの全員が同じペースで動けるようになる。

さらにミッションは、計画、調整、資源を伴う活動によって「実行」しなければならない。水準を高く持つ、資源を効率よく使うなどして、世界一のレベルで実行しようという気がなければ、ミッション達成は望めない。たとえば、6月のノルマンディー上陸作戦開始から数カ月後、イギリス側は第二次世界大戦に勝利すべく、史上最大の空挺作戦を計画した。オランダの都市アーネムと、そこへ流れ込む主要河川に架かる4つの橋を奪取しようとしたのだ。しかし実行力不足で失敗し、ノルマンディー上陸作戦を上回る死者を出してしまった。情報活用の失敗も原因だが、そもそも作戦自体、10日足らずで組み立てられたものだった。リスクの高さと規模の大きさから考えて、あまりに性急だ。

最後に、ミッションを念頭に置き、それを実行するための「戦略」を練る必要がある。戦略はコロコロ変えるものではない。改めるとしたら、明らかによりよい方法があるか、どう実行してもうまくいかない時だけだ。メンバー全員が「この戦略はミッション達成に資する」と胸を張れなければいけない。第二次世界大戦の例に戻ると、ノルマンディー上陸作戦が成功した理由の1つは、戦略が見事だったからだ。海と空から一気に攻め込んで5つの上陸拠点を作った。ドイツ側の守りが堅かったのはそのうち1拠点のみ。連合国側は相手の隙を突き、戦略を実行して、ミッションを達成すべく、戦う機会を得ることとなった。

日々ミッションを生きる

一週間を過ごす中で、あらゆる物事が私の元に飛び込んでくるが、私はスノーフレイク社のミッションという視点から、すべてをフィルターにかけている。「これはデータクラウドの高速化に役立つか?」「今よりもっと、素早くミッションに近付くために、ほかにできることはないか?」。ミッションが達成されるまで、私は決して現状に満足するつもりはない。

「努力が足りないかもしれない」という不安を、常に抱き続けるのは苦しいことだ。ウイニングランを決めたり、健闘をたたえて皆の背中をたたいたりしているほうがよっぽど楽しいだろう。けれど、ミッションに対して猛烈な緊張感を持っているほうが、結局は皆のためになる。栄光にあぐらをかいてはいられない。競争は日々激化しているのだから、集中力を殺いでいる場合ではないのだ。

多くの企業は、高尚な感じがするからと「ミッション主導」を掲げる。だが「パフォーマンス・カルチャー」とか「顧客中心主義」とかいったお決まりのマネジメント標語と同じく、言うは易く行うは難しだ。リーダーの発言を聞くより、行動を見よう。ミッション主導とは、単なる思想ではなく、自分の時間、労力、資源について、日々どういう決定を下すかということだ。カッコよく見せることでなく、最も大切な約束を果たすことだ。そして会議の一つ一つ、やり取りの一つ一つにおいて取捨選択をすることだ。ミッションに向けて日々コツコツと積み重ねた努力は必ず報われる。

２０２０年、スノーフレイク社は新たなメンバーを８００名近く雇い、急成長を続けている。新メンバーは、前にいたところのカルチャーを持ち込みたがるものだ。世の中の多くの企業は私たちと違い、ミッションへの向き合い方がよりカジュアルだと思う。だがスノーフレイク社では、うちのミッションを皆が全身全霊で受け入れることを期待する。ゆるがせにはできない。この会社は１００％、従業員が頼りなのだ。どんな時も、総力を挙げて進んでいく。

第4章 ライバルと漸進主義への宣戦布告

競合他社との戦争

ビジネスは戦争と言っても過言ではない。すでに縄張りがあれば侵入者から守らなくてはならないし、さもなければ誰かの縄張りに攻め込んで奪い取らなくてはならない。攻撃と防御は同時進行。いずれにしても衝突は避けられない。お札を刷れるのは政府だけで、私たちはよそから取ってくる必要があるのだから。世間と同じく私もウィン・ウィンの取引を好むが、ビジネスはどちらかというとゼロサム・ゲームになることが多い。

この現実を部下にはっきり伝えることも、リーダーであるあなたの責任だ。上品さが求められるご時世だから、戦争の喩《たと》えに抵抗を示す部下も多いだろう。「ただでさえ、世の中は殺伐としてるんですよ。もうちょっと穏やかに他社と競いませんか？」。そういう人には教えてやらなければならない。本当の戦いが始まったら、こちらに利益を取られると気付いた相手は全力で立ち向かってくる。仲良く切磋琢磨というわけにはいかないのだ。面目を失うくらいで済めばまだいい。最悪の場合、数カ月から数年で、業界に残れる企業とそうでない企業に分かれるだろう。

こうした競争感覚は誰もが持っているわけではない。まして厳しい現実を部下に見せない企業ではなおさらだ。リーダーが業界の現況を説明しなければ、従業員が競争の冷たい風を感じることもない。業務や給与明細は安心をくれるが、それは幻だ。いつまでも仕事が保証されている人などいないということを、いいリーダーは説明する。この事実を聞いて部下が不快になるなら、それでいい。現実と向き合うには、不快に慣れるしかないのだ。

データドメイン社において、ＥＭＣ社との競争は無料との戦いを意味し、これが非常に大変だった。私たちは唯一のプロダクトを有料で売っていたのに、相手はそれをほかのプロダクトやサービスと一緒に無料で提供してしまう。テック業界ではこれを「バンドリング」と呼ぶ。私たちは「無料はタダではない」と言い続けることにした。プロダクトには運用管理が必要で、それにはもちろんお金がかかるからだ。見込み客にはよく、こう言った。「いくら無料でも役に立たなければ、実際のコストはいくらになると思います？　ゾウを無料でもらえるとしても、自分で餌をやり、小屋を作って、フンの掃除もしないといけないなら、本当に欲しいですか？」

サービスナウ社は、最大の競争相手ＢＭＣ社から知的財産権の侵害で訴えられた。相手はプロダクトで勝てないので、別の方法を見付けて攻撃してきたのだ。結局、こちらが数億ドルを払って和解することになった。訴えは不当だと思ったが、真実がどうであれ、口のうまい弁護士が陪審員に何を信じ込ませるかのほうが問題だった。法制度はいつだって、実力で勝てない者に利用される。そんな時、重要になるのはビジネスの適法性よりも、生き抜くために何ができるかということだ。

スノーフレイク社にいる現在、パブリッククラウド・ベンダーが技術的負債をお金の力で解決するのをよく見る。どういうことかというと、こうしたベンダーはさまざまな方法で金銭的な負担をはねのけ、見込み顧客が自社の高額なソフトウェアへ移行するのを無料で手厚く支援して、あらゆるものをバンドリングで無償提供するのだ。住宅ローンの借換えと同じで、金銭的にはメリットばかり。こうしたベンダーはプロダクトで勝負したがらない。優位性のない戦いをしても、結果が見えないからだ。彼らはその代わり、圧倒的な規模を利用して競争をひねり潰してしまう。より小規模な私たちの武器は、いいプロダクトと、顧客企業の中にいるファン――私たちのプロダクトを心から望んでくれて、私たちの代わりに社内で売り込んでくれる人々だ。企業レベルの駆け引きにおいてはスノーフレイク社が不利だったのに、いちＩＴ責任者の強い希望によって超大企業がうちを選んでくれたという例が複数ある。そうした駆け引きには過去の関係性だけでなく、いわゆる取引のバランスが絡んでいた。ある企業のベンダーが、同時にその企業の大口顧客でもあるとしたら、商談にその事実を利用するだろう。顧客獲得の戦いにおいて、禁じ手は少ないのだ。ただし、企業幹部は従業員に特定のベンダーを押し付けることはしたがらない。好みのベンダーを使わせてくれる会社に移られてしまうかもしれないからだ。

スノーフレイク社の既存顧客に対しても、こうした好戦的なやり方で迫ってくる相手がいる。顧客が私たちと契約している機能について、移行を支援し、あらゆるものをバンドリングで提供したり、データ処理に使える利用枠を無償で与えたりするのだ（反トラスト当局は、値付けが高すぎると目くじらを立てるのに、無料で配ることには文句を言わない。それが競合他社を駆逐するためであってもだ）。彼らの狙いはビジネスに勝つことだけでなく、私たちに最大の屈辱を与えることでもある。主要顧客のうち1つでもそんな形で奪われたら、業界全体に言いふらされるだろう。好むと好まざるとにかかわらず、こうしたことも競合他社との戦いの一部だ。

私は時に営業会議で問いを投げかける。「私たちの勝利の定義とは何だろう？『孫子』

によればシンプルで、『相手の戦意をくじくこと』だそうだ」。ビジネスでいえば、競合他社のエースを説得して引き抜くことだろう。有能な人材が今の雇い主を見限り、こちらに合流すればするほど、私たちの勝率は上がる。敵にとってはエースを失うだけでなく、こちらに強みを奪われることになるからダブルパンチだ。人材の流出は、企業の窮状と戦意喪失を示す最大の証拠となる。

漸進主義との戦い

石橋をたたきながら少しずつ進もうとするのも、人間の性。大胆にジャンプするより、じりじり前進するほうが安全に思える。漸進《ぜんしん》主義とは、すでに築かれた確たる土台を基にして、そこに積み重ねていくことでリスクを避けようとする行為だ。けれども、現状を少しだけ改善すればいいという姿勢は、それ自体が危険をはらんでいる。

消費財が「新しくなりました」と言って宣伝されるのを、よく目にすると思う。あれこそ漸進主義だ。普及している既存品と同じだけれど、よりよいものですよ、というメッセージ。言い換えれば、「安心してくださいね。失うものは何もありませんよ」ということだ。

人は未知の不確実性より、既知の親しみを好む。朝食用シリアルとか、歯磨き粉などの老舗ブランドにはぴったりの戦略だ。航空業界のように、急激な変化を起こすには規制のハードルが多すぎ、ごく緩やかに変えていくべき業界とも相性がいいだろう。

しかし、ほとんどの分野では、漸進主義は単に、斬新さや大胆さを欠いていることの現れだ。負けないかもしれないが、勝つこともない。大きくて定評のある企業では、リスクが評価されず、しかも失敗が厳しく罰せられるので、特に漸進的な行動が取られがちだ。こうした企業の多くは低迷し、じわじわと自滅の道を行くことになる。ほんの50年前にフォーチュン５００入りしていた企業のうち、今も存在するところがそれほどないのは、そうした理由だ。ビジネスは生き物だから、単に過去の成果の強化・拡大ではなく、継続的な自己改革をしていかなくてはならない。

現状から少しずつ進もうとするより、将来の理想形を思い描き、そこから現在まで逆算しよう。目標にたどり着くには、どうなる必要があるだろうか？　未来のビジョンに導かれるこの作業は、刺激的でワクワクすると思う。航跡を見ているだけでは、船は前には進まない。

漸進主義がいかに人や組織の生命力を奪うか、私は見てきた。社内会議で、現状からの差分にすぎない目標を発表するマネジャーが多すぎる。「２年間で30％の顧客増を目指します」。無難だし悪くはないが、なぜ１００％ではないのだろう？　１０００％ではダメだろうか？　市場の大きさは？　シェアを１％から１・３％に増やすということだろうか？　だとしたら、５％や10％にするには何が必要だろう？

私はよくＣＥＯたちに成長モデルを尋ねる。あらゆる手を尽くした場合、会社はどれくらいの速さで成長できるか？　どこかの時点でビジネスが漸近的に伸びはじめるのか？　それはいつか？　ところが、成長の極限について考えたことのあるＣＥＯはほとんどいない。成長はスタートアップ評価の要だから、どの企業の取締役会でもこうした問いが飛び交いそうなものなのに、そういうことはめったになく、ますます漸進的な考え方がはびこっていく。

私たちの会社はどこも急成長を遂げた。でも振り返ってみれば、より野心的な目標を追うべく、私にはもっとできることがあったと思う。これまで、やりすぎはなくとも、やり足りない点は確実にあった。私を含めてどんなリーダーも、気を抜くとつい無難で達成しやすそうな目標に流れてしまう。ここで思い出すのは、セオドア・ローズヴェルトの名演説「アリーナに立つ男」だ。

たたえられるべきはアリーナに立つ男だ。その顔は塵と汗と血にまみれ、果敢に戦い、失敗し、何度も力量の壁にぶち当たる。なぜなら失敗もなく力不足も感じぬ挑戦などありはしないからだ。地道に骨を折り、偉大なる熱狂と偉大なる献身を知り、価値ある目的に身を投じる者こそ称賛に値する。よくすればついには偉業を成し遂げる喜びを知り、悪くして敗れても大いなる勇気がそこにはある。勝利も敗北も知らぬ、冷たく臆病な魂とは決して同列に扱われるべきでないのだ。

なぜイーベイはアマゾンになれなかったのか？　なぜＩＢＭはマイクロソフトになれなかったのか？　タクシー会社がウーバーを生み出せなかったのは？　ヒルトンやマリオットがＡｉｒｂｎｂを生み出せなかったのは？　なぜオラクルはスノーフレイクを作らなかった？　なぜＢＭＣはサービスナウを作らなかった？　なぜテープオートメーション企業はデータドメインを作らなかった？　なぜフォードはテスラを作らなかった？　まだまだあるが答えはどれも同じ、漸進主義のせいだ。

可能性の限界までビジネスを進めろ、と部下に教えよう。目指すものに届かなかったら？　少なくとも挑戦はしたことになる！　まずまずといったレベルで落ち着いてはいけない。あなたに委ねられた可能性を徹底的に引き出すのだ。大きく勝ちたいなら、過去に縛られず、劇的に違う未来を思い浮かべなくてはいけない。だからイノベーションはいつも、想像もつかないところから生まれるように見える。新しいものを生む人々は過去にとらわれない。失うものも、後退するという発想もない。

2つの戦いをつなげる――大胆な目標で競合他社に勝とう

私たちの会社はどれも、それまでの型を一気に破っている。データドメイン社のディスク・バックアップ事業は、「仮想テープライブラリー（VTL）」というものと競うことになった。これは実際のテープではなく、ディスクに仮想的なテープのイメージを乗せたものだ。私たちが実テープからディスクに切り替えても、まだまだ管理上の単位は「テープ」。顧客が、ディスクにバックアップしていながら、遠隔地に保管するためのテープも作るという時期が長く続いた。習慣はなかなか変わらないし、既存企業は生き残りを懸けて新たな波に抗う。それでも、データドメイン社がすべてをネットワークによるレプリケーションに置き換えたことで、やがてはこちらが標準になった。漸進的でない、大きな目標が達成されたのだ。

サービスナウ社が参入した市場では、既存企業のプロダクトが不人気で、古く、融通の利かないものだった。専門的で希少な深い知識がないと、システムのアップグレードができない。変更が難しすぎ、費用がかかりすぎ、リスクが大きすぎた。サービスナウ社はこの壁を打ち破ったのだ。適度に知識を持つITスタッフなら維持管理ができ、18カ月おきどころか日に何度も、即座にシステム変更ができるようになった。この圧倒的な違いが世界中のIT担当者の心をつかんだ。ユーザー思いで、機能的で、高水準のアーキテクチャは、その後、ほかの業務分野へも拡大し、同じように熱い歓迎を受けることとなった。

スノーフレイク社もまた当初から大胆で、クラウドコンピューティングにおけるデータ管理を再構築しようと取り組んできた。創業者は従来のデータベース技術に精通していたが、できる限りのものを刷新したいという強い思いを持っていた。現状への不満に突き動かされ、さまざまな長年の問題を「白紙」から考え直していったのだ。その頃、テラデータ、ネティーザ、オラクル、マイクロソフトといった既存企業は、分析負荷が高い、処理量の大きな分野で支持を失いつつあった。そして、当時からパブリッククラウドはあったものの、スノーフレイク社が初めて高いパフォーマンスと圧倒的なスケールを同時に引き出すこととなった。

結果はすばらしかった。データを生成する大企業も、小規模で慣れていないユーザーも、ほかと比べて桁違いの高速処理が可能になった。さらに、創業者は管理やプロビジョニングが手間いらずのシステムを構築したので、顧客にとっては維持費用が少なく済んだ。旧来のアーキテクチャを備えたパブリッククラウドは、圧倒的な違いを生み出すスノーフレイク社のような参入者との競争に苦戦することとなった。

新しいアイデアを持った挑戦者が現れない限り、漸進主義的なやり方でも問題ないだろう。だが自由市場では、必ず誰かが劇的な変化を起こそうと考える。そうならないよう祈るより、自分たちがそんな変化を起こすほうがずっといい。

こうした例から学べることがもう1つ。既存企業が弱くて不人気な市場に攻め入るほうが、強くて人気のある先行者を追いかけるよりも、はるかに簡単ということだ。顧客は、役に立っている製品をやすやすとは手放さない。皆、ただでさえ忙しいのだ。少しどころでなく圧倒的な違いを提示できなければ、顧客から雑音よろしくシャットアウトされてしまうだろう。既存企業は当初、サービスナウを冷笑し、状況を分析することなく、公にあざけった。人は自分を安心させてくれるストーリーに飛び付きたがる。それがどれほど現実離れしていてもだ。ビジネスでは往々にして、知的廉直が追いやられてしまう。

部下を戦いに導く

リーダーは、組織のムードを導かなければならない。全員が仕事に力を注ぎ、話がかみ合い、同じしんどさと期待感を持てている状況を作る。従業員の多い大企業では足並みが乱れやすい。スタッフ一同、会社が直面する状況をわかっていないということもよくある。これは彼らが悪いのではない。上が現況を正しく伝えず、多くの従業員を実質的な活動から引き離しすぎているせいだ。

スタートアップ企業でさえ、会社が大きくなるにつれて同じ問題を抱える。小回りが利き、集中力も高かった集団が、あちこちで増員を重ねるうちに、もはやスタッフの半数は厳しい競争の現実を知らない状態になる。やがて組織改編であれこれ人事異動が行われるのだが、これを私たちは「同じ猿が別の木に移るだけ」と呼んでいた。12カ月先、24カ月先にどうなるべきかも考えず、与えられた予測成長率を手に、現状に甘んじて平常運転モードとなる。これは非常に危険だ。あなたがリーダーとして全員の目を覚まさせなければならない。

資源やスタッフについて、現状と、本当に必要な数を、感傷抜きに考えてみよう。最も楽な道――凡庸と無駄に行き着くだけの、無計画で漸進的な成長をたどる前に、現状のスタッフだけでパフォーマンスと効率性を上げられる場合は多い。あなたの最も大きな責任の1つは、漸進的な姿勢に待ったをかけることだ。

第5章 戦略よりも実行力を優先させる

優れた実行力は、優れた戦略より珍しい

ビジネス戦略に関する記事や書籍は数あれど、実行力に関して書かれたものはそれほどない。これは私にとって驚きだ。なにしろ実際には、戦略と実行は切っても切れない関係にある。事業が伸び悩んだ時、戦略がまずかったせいか、それとも実行に不備があったせいか、どうやって判断するのだろう？ それに実行の仕方を知らなければ、どんなに頼もしい戦略も失敗に終わる。かつて私の上司が言ったように、「実行より大事な戦略などない」のだ。

それでも、多くの人は実行より戦略について語りたがる。おそらくは、戦略のほうが高

尚で、知的な刺激あふれるイメージなのに対し、実行のほうは退屈で地味で、ただ手を汚すだけ、しゃかりきに働いて「やることリスト」を消化するだけ、という感じがするのだろう。特にシリコンバレーではそんな傾向だ。戦略的な話のほうが、ありがたがられ、広く語られ、何度も焼き直される。

でも、そういう人たちの理解はあべこべだ。首尾よく実行する方法を知らずして、戦略を使いこなすことはできない。だからこそ、リーダーは実行を最も重んじるべきなのだ。自分のチームに実行力がないうちは、組織全体の戦略を気にしても意味がない。実行は困難で、しかも優れた例は珍しい——ということはつまり、これも競争上優位に立つための大事なポイントになる。

ＩＴをはじめとするさまざまな業界は、資本と興味深いアイデアであふれている。足りないのは、そうしたアイデアを推し進め、具現化することに秀でた人物だ。私は長年、さまざまな会社で何度も幹部採用に携わる中で、実行力を持った人材が驚くほど足りていない状況を目の当たりにしてきた。シリコンバレーは優秀なエンジニアが豊富で、少人数で新たなプロダクトをローンチできる人も多い。けれども、規模を拡大して、規律ある成熟した組織を運営するのはまた別の話だ。

問題の１つは、イノベーターになる方法を伝える本、動画、講座は数えきれないほどあるのに、実行に関するものがほとんどないことだ。これではスタートアップ企業の創業者が実行力に興味を持ったとしても、どこで学べばいいのだろう。組織が大きくなるにつれ、機能不全が増えるのも当然だ。私はこれをよく、５歳児のサッカーに喩える。わらわらと群れながらボールを追いかけ、フィールドを移動しているだけで、ポジションに合ったプレーをする者は誰もいないといった状況だ。

実行力を、教えられる能力として扱う

実行を営業と比べるとわかりやすい。どちらも企業の成功に欠かせない要素だ。ところが一般に、基本的な新人教育のための体系立ったプロセスは、このうち一方にしか設けられない。

かつて営業職を志す人は、最初の就職先として大企業を目指すのが通例だった。そういう企業では新人のために、数週間から数カ月も続くような、入念な営業トレーニングを実施している。ＩＢＭ、ゼロックスなどが営業のキャリアを始めるのに最適とされたのは、こうしたトレーニングの数々が無料で受けられるからでもあった。

スノーフレイク社では、営業スタッフが明確なキャリアパスを描き、プロとして成長できるようにしている。大学を卒業して間もないメンバーには、インバウンドリードのフォローアップを任せ、見込みのありそうな先と先輩とのアポ取りを目指してもらう。一日中電話をかけ、赤の他人と話して商談を取りつけるのは大変だが、営業の最低限の基本が身に付く。新規開拓ができるようになったら、小規模な企業や組織の販売担当に昇格。優秀であれば次に本格的な法人営業を任される。これは営業職のエリートで、成功すれば報酬は大きい。最終段階がメジャーズと呼ばれるチームへの配属で、ここでは大口200顧客を専任の担当が受け持っている。

つまり人生経験が比較的少ないスタッフを、その分野のエリート、プロになる道へ導こうというわけだ。出世の階段を上れる見込みがあれば、優秀で賢く、野心的な人材が魅力を感じて集まってくれる。新人にとっての仕事は、単なる業務ではない。くっきりと描かれたキャリアの軌道へと踏み出す第一歩なのだ。

一方で、実行力が肝となる統括管理職について、若者が体系的に学べるような道は多くない。しかも今時、スタートアップの創業者や企業のCEOを目指す人のほとんどは、気長にトレーニングを受けようとはしない。脇目も振らず突進し、即座に物事を解決したがる。これでは、いずれ自分の行動を自覚するまでの間に、大きなダメージが出ないよう祈るしかない。

また今の新人は、先輩社員が異例の若さで高い役職に就くところも見ている。近頃は30代前半〜半ばのＣＥＯも珍しくない。私は顧問の立場で、そのような多くの若者と仕事をしてきた。皆、賢くて、野心的で、努力家で、意欲もある。ところが、優れた実行力を目の当たりにしたり、有益で学びの多い失敗をしたりする機会がまったくないまま来てしまっている人が多い。私が好きな言葉に「いい判断は悪い判断から生まれる」というものがある。経験がすべてではないとは言え、経験に代わるものはそうないのも事実だ。

新米マネジャーは、上のマネジャーたちから学ぶ必要がある。経験の浅い者を上級管理職に就ければ、混乱は必至。視野の狭い人間がやみくもに引率する事態を招く。未熟なマネジャーを中心に据える組織は、拡大も成熟もできない。

データドメイン社では、ハードウェアとソフトウェアのソリューションを統合したアプライアンスを構築、販売していた。しかし社内はソフトウェア畑の人間ばかりで、限られたハードウェアの知識しか持ち合わせていない。結果、何年もさまざまな形で苦戦した。最終的に、やっと契約製造に関して適切なリーダーシップが取られ、果てしなく続いた信頼性の問題からようやく脱却することができた。

サービスナウ社は、私が入った頃、マネジメントの実行に関してかなり未熟な組織だった。この問題を解決するには、ボトムアップでなくトップダウンしかないと思い、これを採用した。サービスの信頼性についても厳しい問題に直面していて、それもクラウドインフラの構築・管理に関するマネジメントが成熟していないからだった。解決にはやはりトップダウンしかなく、私たちはそのように進めていった。

スノーフレイク社に入って感じたのは、創業者たちのおかげでイノベーション力は最高だが、規模を拡大し成熟させる力に欠けているということだった。この点は、うってつけのスキルと経験を持つ人材を新リーダーに採用することで解決した。イノベーションと規律の両方がないと、組織はたやすく瓦解する。よくあるのが、イノベーターに規律ももたらしてもらおうとする間違いだ。この両方ができる人はめったにいない。

正しい戦略を持つ

戦略は、もてはやされすぎている面があるとは言え、重要なのは間違いない。あらゆる選択肢を把握した上で、どれがどういう理由でほかより理にかなっているか、難しい判断を下す必要がある。普段から考えておくだけでもリーダー間での議論の幅が広がるので、時間と労力を割く価値はある。

戦略を立てる時にやりがちなのが、単純に過去の経験や他社のパターンに当てはめようとすることだ。広範な推論、調査、議論なしに結論に飛び付けば、結果はボロボロということになりかねない。さらに、絶対に大切な――それでいて非常に難しい――のが、知的廉直を保つことだ。あなたは物事のありのままを直視し、起きていることを丸ごと受け止められるだろうか？　人間、どうしても状況を正当化して、大きな変化は必要ないと自分に言い聞かせたくなるものだ。現実は人を動揺させ、不安で不快にする。このストレスに対処するため、私たちは、より都合のいい解釈をしてしまう。これによって集団思考と確証バイアスがはびこり、健全な企業を大きく脅かす。残酷なくらい正直な企業文化を保つのが、リーダーの役目だ。

競争相手の大企業が、そうした状況に陥るのを何度も見てきた。多くは、私たちがもたらす脅威を正しく捉えられず、時すでに遅しとなるまで本格的な手を打たない。たとえばＥＭＣ社はデータドメイン社を退けようと、企業買収を繰り返した。私たちの競合他社のプロダクトを再販し、データドメインを無力化しようとしたのだ。そうこうするうちに、敵対的買収を仕掛けなければ、データドメイン社を当時の私たちよりはるかに大きな企業に取られかねないところまで追い詰められた。事の重大さをきちんと認識するのが遅れたせいで、結局ＥＭＣ社は何十億ドルも払って脅威と戦うことになったのだ。対応が間に合い、高くついただけで済んだのはＥＭＣ社にとって幸いだった。

サービスナウ社にとって大きなライバル企業の１つだったＢＭＣ社の経営者は、かつて「Ｊａｖａプログラマーを数人連れてくれば、サービスナウ社がやっていることくらい、土曜の午後にでもできる」と言ったとされている。彼がサービスナウの魅力を認めなかったことは、惨憺たる結果につながった。手ごわい相手との競争はただでさえ大変だが、まずは最大の脅威を認識できないと、どうにもならない。その後サービスナウ社は、ＳａａＳによる収益が10億ドルを超えた史上２番目の企業となり、一方ＢＭＣ社は投資会社によって株式非公開化された。

スノーフレイク社の競合他社も、長い間私たちを、ほほえましく、可愛らしい、小さな新興企業と捉え、深刻な脅威とはみなしていなかった。しかし結局、私たちは業界を率いる存在になった。ようやくスノーフレイク社の力に気付いた世界の大手には、私たちをマネて追いつこうと躍起になっているところもある。

どんな戦略も注意深く扱うこと。そして、好みの戦略に、知的にも感情的にも執着しないことだ。ひょっとしたらその戦略はひどく間違っていて、手放すべきかもしれないのだから。スコット・マクネリが言った有名な言葉のように「早く失敗」すればするほどいい。

私たちは時々、「あの犬は狩りをしない」という表現を使うのだが、これは個人のことでなく、どうやってもうまくいかない戦略的アプローチを指す。こうした判断も、やみくもに特定の戦略に固執すると不可能になる。

「戦略の問題」対「実行力の問題」

シリコンバレーでは、収益機会を最大限に活かせず、機運をつかめずに苦戦するスタートアップ企業をよく目にする。そうした会社ではたいてい、成果を上げられない営業トップを交代させようという結論に至る。問題があるのは営業の実行力でなくプロダクトかもしれないのに、経営陣はその可能性をめったに考えない。

では、伸び悩んでいるのは戦略がまずいせいか、それとも実行力が足りないせいか、どうやって見極めればいいのだろう？　感情的な衝動のせいで破滅に向かっている可能性に、どうすれば気付けるだろう？　私の経験上、売上が伸びない原因は、たいていプロダクトが不十分か、ターゲット市場に届いていないかのどちらかだ。つまり、売りたい相手に響いていないということになる。営業チームが平凡でも、プロダクトに力があれば、苦況を脱し市場に届いていく。反対に、たとえ営業チームがすばらしくても、彼らにプロダクトの問題を修正したり、補ったりすることはできない。

営業には限界が存在する。できることとできないことがあるのだ。ほかの部分に関しても、世界レベルの実行力が求められるようなプロダクトだと、かなりまずい——そんな力を持つ人材は限られているからだ。

確かな実行力がない場合は、戦略が悪いのかどうか知る術さえなくなってしまうわけだが、まず実行力については潜在的な要因としておいておき、戦略の評価に移ろう。優れた実行力があってもまずい戦略は救えないが、戦略を変えるべき時かどうかを早めに見極めることはできる。

コンサルタントやストラテジストを雇う必要はない

多くの幹部、特に大企業に勤める人々は、戦略に不安を抱え、コンサルタントを呼んでアドバイスや戦略強化を求めたいと考えがちだ。こうしてマッキンゼーやベインなどの企業が富を築くことになる。コンサルタントを雇えば、データを整理し、見た目よく可視化してもらえるし、詳細な分析を書き上げて、自分の戦略を自分より雄弁に語ってもらえる。それに、大手のコンサルティング会社が立てた戦略を取締役会で発表すれば、幹部としての地位も上がるかもしれない。だって、コンサルタントはエキスパートで、専門家で、エリート教育も受けている。当然、信頼できるはずだから……。

誘惑に駆られそうになったら、こんな古いジョークを思い出してほしい。「コンサルタントってのは、あんたの時計を借りて、時間を教えてくれて、その時計を自分のものにするんだよ」。長い目で見れば、しゃれた用語やきれいなスライドが使えずとも、戦略は自分で練ったほうがいい。他人の権威にすがるより、自分の権限に自信を持っていこう。できる人間とは、自ら立てた戦略を生き、語り、自分のものにしている人のことだ。

また多くの大企業で、戦略の立案だけを担う役職というのをよく見る。多くは部長級だ。こうした人々は実務上の責任を負っていないので、実質的には社内コンサルタントといえる。高額なコンサルティング会社に外注するよりは安くつくかもしれないが、戦略を実行から切り離している点で、根本的なデメリットは同じだ。地図を描く人と運転する人が別だから、動機にズレが生じる。何より実務担当者は、頭ごなしに戦略を告げられることを好まないだろう。

あるいは、私がいつも使っている３つ目の方法がある。各事業ユニットのトップにそれぞれの戦略も担ってもらい、最高経営責任者は最高「戦略」責任者としての役割も果たすのだ。私は、いわゆるストラテジストよりも幹部の戦略を信用する。幹部はリアルタイムの動きを知っているからだ。彼らは矢面に立っていて、結果に対する責任を負っているし、自分の選択と共に日々生きなければならない。それに対して純粋なストラテジストは（外注でも内部の人間でも）何かあれば戦略が悪いなどと認めるはずもなく、すぐに実行力不足を責めるだろう。そもそも、幹部にその責任分野の戦略も任せられないようなら、世界中のどんなコンサルタントを呼んでもその問題を解決することはできない。

実行力が向上すれば、戦略を立てるのもうまくなる。問題の原因がそう多くないことがわかり、シンプルに見えてくる。明快になれば当てずっぽうが減り、よりよい判断ができるというわけだ。

つまるところ、実行力に優れていればまずまずの戦略でもうまくいくが、実行力がないと立派な戦略も失敗に終わる。だからこそ、会社が最高を超えるためには「実行力が王様」であるべきだ。

第3部

Align Your People and Culture

人とカルチャーの
ベクトルを合わせる

第6章 乗客でなく運転手を雇い、不適切な人はバスから降ろす

求む、運転手

以前データドメイン社にいた頃、「乗客でなく運転手を雇おう」を採用活動の目標に掲げた。このスローガンはフォルクスワーゲン社が宣伝に使っていた「人生という旅路には、乗客と運転手がいる。求む、運転手」というキャッチフレーズを基にしたものだ。

「乗客」というのは、会社の情勢に身を任せて何とも思わない人たちのことだ。会社に対してほとんど何のインプットもせず、経営陣が選択した方針にもさほど関心を示さない。愛想がよく、誰とでも仲良く付き合い、会議にも即応、トラブルメーカーとして目立つこともほとんどない。たいていは組織に溶け込んで、長年そこに留まっている。

困るのは、乗客は問題の分析や指摘については得意なのに、解決のために動こうとはしないことだ。手のかかることはしたがらない。過ちを犯すリスクがある時は、特定の立場を取ることを避ける。そして、風向きを見てどのような側にでも付く。とりわけ大きな組織には、あまり目立たずに隠れていられる場所はたくさんある。

乗客は基本的に組織の重荷であり、知らぬ間に組織のカルチャーやパフォーマンスを脅かしかねない。本人たちにその気はなくても、乗客がいると組織の力が損なわれる。ビジネスの繁栄に欠かせない動物的な本能や生命力が奪われてしまうのだ。

一方「運転手」とは、周囲に溶け込むことでなく、何かを成し遂げることで満足感を得る人のことだ。プロジェクトやチームに対して強い当事者意識を持ち、自分にも他人にも高い水準を要求する。やる気、切迫感、野心、大胆さまでがにじみ出ていて、困難に直面しても「無理だ」ではなく「やってみようじゃないか」と言うことが多い。

だから運転手の価値は非常に大きい。こういう人々を見付け出し、採用し、報酬を与え、手離さないことを、あなたは優先的に心がけるべきだ。運転手を個人的にも公の場でも評価し、昇進させることで、目指すべき手本としてほかのメンバーに示そう。すると、会社に乗っかっているだけの人々が目を覚ます。責任感があり、明確な立場を取ってそれを守り、望む戦略について主張し、変化を起こそうとする人々をたたえていこう。

区別する

ただ難しいのは、「運転手」と「乗客」の違いが微妙なことだ。100%乗客である人も、または100%運転手という人もほとんどいない。たいていは皆、その中間だ。

全社会議で運転手と乗客の概念を持ち出すたび、快く思わない人たちがいることが見て取れる。そうした人たちは、この問題について客観的に、かつ胸に手を当てて真剣に考えたことがないのかもしれない。ある時、質疑応答で手を上げたエンジニアは、あっけらかんとこう言った。「自分が運転手か乗客か、どうやったらわかるのでしょうか？」私は冗談めかして答えた。「私がその答えを出す前に、自分で見極めたほうがいいんじゃないかな」。笑いが起きてその場は終わったが、伝えたかったのは、私たちは答えが自然とわかるくらい、このことについてもっと自問すべきだということだ。揺るぎなく明確に答えられないなら、あなたには乗客の要素が多すぎるかもしれない。

こうしたことを考えていくと、さらなる効果が得られる。従業員が自分を見つめ、自分は組織にとって必要だ、たくさん貢献している、自分がいなくなったら成果が上がらない、と強く思えるようになるのだ。心の底からそう思えれば、従業員は自分の価値をより確かなものと感じ、自信を持てるようになるだろう。運転手を評価し報酬を与える会社にいれば、キャリアアップにもつながる。

自分は乗客寄りだという自覚がある人には、基本的に2つの選択肢がある。1つ目は、行動パターンを変えないで仕事を続けようとすること。ただしそれが可能なのは、数十年かけて衰退し、下降線をたどって、いずれ倒産してしまうような大企業にいる場合だけだろう。一方でそういう会社が苦境に陥ったら、人員削減（ＲＩＦ）、あるいは大規模なレイオフによって、乗客は真っ先に放り出されてしまう。乗客という重荷がなくなったことで、ＲＩＦ後に組織が活性化することは珍しくない。

もちろん、乗客にとってよりよい選択肢は、運転手を見習って自分のやり方を変えていくことだ。長期的に見れば、これが仕事を確保するための唯一の道といえる。

不適切な人をバスから降ろす

私のコアチームは、サービスナウ社の経営に参加した時も、8年後に今度はスノーフレイク社に合流した時も、会社に何らかの問題が見付かることはわかっていた。そうでなければ取締役会は新しいＣＥＯを雇ったりしないからだ。こんな時、社内全体においてまずやるべきは、価値のある人材と重荷（乗客的な姿勢を取る人を含むが、それに限らない）とを見極めること。次に、ジェームズ・C・コリンズが『ビジョナリーカンパニー2　飛躍の法則』（山岡洋一訳、日経BP　2001年）で述べているように、不適切な人をバスから降ろし、適切な人をバスに乗せて、ふさわしい席に座らせること。この順序で行うことが必要だ。

新しい会社や事業に飛び込んでいくというのは、大変なことだ。誰もが神経を尖らせ、何をする気かと、あなたの動向に注目する。だが、周囲が不安がっているからといって、従業員の評価をためらってはいられない。そのうち皆の真価がわかるかも、と願いながら、様子見したくなる誘惑に屈してはダメだ。最善に期待して待つのでなく、事を起こさなければならない。限られた、不完全な情報しかなくても、人や状況を見極めていくことが必要だ――いつだって、そんなことばかりなのだから。たとえばスノーフレイク社では、こうと思う人事異動をわずか数カ月で実行した。該当となった人々について詳細には知らなかったかもしれないが、どの部署やチームが期待に達していないかを把握するのは難しくなかった。

不適切な人をバスから降ろすべく、急いで行動しない限り、軌道を変えることは不可能だ。私たちは往々にして、業績不振のチームメイトでも指導すれば改善に導ける、と素朴に信じてしまう。可能な場合もあるが、そういうケースは思ったより少ない。会社が苦況にある時は、物事を素早く変えなければならないし、そのためには、持っているスキルが会社のミッションに合わなくなった、あるいはひょっとしたら最初から合っていなかったかもしれない人を、入れ替えるしかないのだ。

迅速な行動のさらなる利点は、あなたが恐ろしく真剣に高い水準を追い求めているのが、バスに残った全員に伝わることだ。優秀な人々は、高い水準を求められるとやる気になる。こうした水準に合わせることを望まず、もっと楽で緩い環境に目を向けはじめる人がいても、それはそれで構わない。ひどいやり方だと思われるかもしれないことはわかっている。でも、リーダーとして雇われ、任された仕事がありながら、それをしないことのほうが、よっぽどひどい。あなたが必要な変化を起こす気概を持たなければ、最大の可能性を発揮しようとする皆の足を引っ張ることになってしまう。

行動しないリーダーは、ほどなく自分のリーダーシップが問題視されていることに気付くだろう。皆が見ている。あなたがしていることだけではなく、していないことも。

決断を下す

私が初めて管理職になった頃は、人を辞めさせるのは最終手段だと考えられていた。とてつもなくひどい状況にならない限り、解雇されたりはしなかったのだ。これは当時の、旧弊で家父長的なカルチャーのたまもので、指導を受ければ誰でもパフォーマンスを上げられるという考え方が一般的だった。だから、指導を受けてもまだ振るわない人がいると、当事者よりむしろ上司が責められる。そこで、部署をあちこち異動させたり、長期的な「パフォーマンス改善計画」なるものを作成したりといった、問題を先送りにする悪しき動機が生まれることになった。解雇に対して根強い抵抗感を持つ企業は、今も多い。

ヨーロッパでは特にその傾向がある。政策上、企業が負担する解雇補償金が多いので、解雇が高くつくのだ。こうしたコスト圧力のせいで、管理職は変化を起こしたがらない。だが、たとえヨーロッパであっても、行動を起こさずに凡庸な組織を引っ張っていくコストのほうが、採用の失敗を是正するコストよりも、ずっと大きいはずだ。

若かった頃は、こうした事態に直面するとオドオドしてしまった。時がたつにつれてわかってきたのは、私は多くの同僚と同じく、決断を下すのが遅すぎたということだ。それからは、担当職務に向かない人々を入れ替えるべく、より速やかに動くようになった。致命的に合っていないというわけではなくとも、ほかにもっと力量の高い人がいて、そちらを雇えるからということで実行した場合も多い。重要な役割に就く人材を体系的にアップグレードしていくこのプロセスは、「トップグレーディング」と呼ばれる。採用のエキスパートであるブラッド・D・スマートが開発した戦略だ。私自身、取締役会に、自分より優れたCEOが見付かったら、私のことも交代させてくれと言ってある。それが道理だし、誰よりも最も高いパフォーマンス水準を期待されるべきは私なのだから。

適切な人材を見付ける

当然ながら、不適切な人をバスから降ろすだけでは、課題の半分を片付けたにすぎない。残り半分は、適切な人材を見付けて採用し、ふさわしい席に座らせることで、このほうがずっと難しい。このプロセスに焦りは禁物だ。失敗した場合、時間、お金、評判の面で大きな損失を被ることになる。

リーダーに期待されるのは、広い人脈、リクルート能力、才能を見抜ける鋭い目だ。優れた人材を獲得していくために、私は次のようなことが必要だと考えている。

積極的な採用姿勢を維持する

積極的な採用姿勢を取り続けるのは難しい。ある職種で人を募集し、欠員が埋まると、ボックスに終了のチェックマークを付け、注力すべき別の案件に取りかかるのが普通だ。ところが雇用した中に、うまくいかなくて異動したり辞めたりする人がいると、また最初からやり直さなくてはならない。採用活動の再開は非常に負担が大きいから、たいてい私たちは凡庸なパフォーマンスを容認してしまう。

出張先で主要な管理職の人々と会う時は、「あの人やこの人が会社からいなくなったらどうするか?」と尋ねるようにしている。たいていはぽかんとした顔をされたり、「人事部に連絡して履歴書を取り寄せます」と言われたりする。そうではなくて、重要な役職ごとに優先的な候補者のリストをいつも手元に用意しておきたい。必要な時には、その候補者たちに連絡するのだ。まずは該当の分野にどんな人がいて、どのくらい評価されているのかを知り、その人たちの現況を把握することから始めよう。もちろん状況は常に変わるから、動向を追い続け、連絡を取りながら、何らかの形で関係を維持して、積極的なオファーをする時に備えておくことが必要だ。

時に私たちは、緊急に必要でなくても人を雇うことがある。それは、優秀な候補者がいわば「ソケットから外れそうな」状態になっていて、条件が整えば職場を移ろうと考えている場合だ。こういう時は、必要に迫られるまで待っていてはいけない。それでは受け身になってしまう。ポストが空くまで待っていたら、その時にフリーな人材からしか選べず、つまり次善の策になりかねない。だから、自分の管理下にある重要な役職については、十分に吟味して優先順位を付けた候補者リストを作成しておこう。そして、現在その役職にある人々のパフォーマンスや状況について定期的に議論する際、リストの候補者とそれぞれの現況についても合わせて確認しよう。

リクルーターやリンクトインなど、緊急的な採用手段に頼ってはいけない。求職中の人としか出会えないので、その中に本当に欲しい候補者がいることはめったにない。成長著しい企業では、拡大していく組織のニーズが許容量を超えてしまい、あっという間にそれぞれの部署や個人が限界を迎えることがある。だから、ニーズを先取りした人材確保が必要だ。採用活動に終わりはない。

重要な役職については、私たちが「キャリブレーション」（訳注：調整、修正）と呼ぶセッションをグループ形式で実施しよう。このセッションでは、幹部や管理職が直属の部下について評価し、自分とは別の指揮系統にいる同格の社員からフィードバックを受ける。該当の人物に対する評価が、部署の枠を超えても賛同されるものなのか、疑問視されるものなのか、あるいは完全に異議を唱えられるものなのかを見極めるためだ。こうしたセッションを通して、人事課題に関するマネジメントの不調和があればそれが明らかになる一方で、パフォーマンス格差が発生しつつあったり、なかなか解消しなかったりという状況に対処するきっかけにもなる。基本的には人材ギャップが明確になり、それに対する迅速な行動が促されるというものだ。

優秀なリーダーは、優秀な人で自分の周囲を固めるものだ。雇用と解雇の両方がうまく行えるようになれば、すばらしい結果と輝かしいキャリアを手にすべく、順調に歩んでいけるだろう。

第7章 強いカルチャーを築く

想像以上に大きいカルチャーの役割

「カルチャー」ほどいろいろな内容を想起させる言葉はない。ビジネス組織という文脈ではどんな意味になるだろうか。本書の内容に合わせて緩やかに定義するならば、カルチャーとは職場コミュニティに存在する、特徴的で継続的な行動、信念、規範、価値観のパターンのことだ。カルチャーには、人々が集団として日々どのように結束しているかが表れる。あなたの所属先のカルチャーは、敬意に満ち、柔軟で、魅力があり、建設的で、要求が高く、切迫感があり、創造的だろうか？　あるいは、無気力で、政略的で、自己保身ばかりで、リスク回避の、対立的なものだろうか。職場には、これらすべてを含めていろいろな要素が存在し得る。

カルチャーは想像以上に大切で、あってもなくてもいいものではない。強いカルチャーは組織をしっかり支えてくれるし、競争上有利な立場を絶えず与えてくれる。反対にカルチャーの弱い組織は、内部からあっさり崩壊することがある。

肝心なのは、どんな目標を見据えたカルチャーにするかだ。ありきたりな文言や高尚な主義はさておき、カルチャーは企業が掲げるミッションに資するものでなければならない。当たり前だと思うだろうか？ それは違う。たいていの企業が目指しているのは、従業員に気分よく、安定した立場で、安心して働けると思ってもらうことだ。従業員における正味推奨者比率（ＮＰＳ）を上げたがり、経営陣は高潔なリーダーシップスタイルを称賛してほしがる。善くあろうとすることに問題はないが、企業カルチャーとミッションのベクトルは合わせる必要がある。

成長著しい企業で過ごすのは楽ではない。半端ではないプレッシャー。パフォーマンスに対する厳しい管理。立ち止まることは許されない。緊張感やスピードが好きになれずに短期間で辞めてしまう従業員を、私は何人も見てきた。カルチャーとは、従業員の居心地をよくするものではなく、目的に役立つ行動や価値観によってミッション達成を可能にするものだ。そして、強く、効果的で、ミッションに合ったカルチャーが全員から喜ばれるとは考えにくい。

カルチャーは、企業を一つにまとめるものでなくてはならない。そして私たちに必要なのは、ミッションと、それを実現させるためのカルチャーに心から共感してくれる優秀な人々だ。カルチャーは人をふるいに掛け、それを受け入れる人とそうでない人を選別する。それで構わない。万人受けするものでなくていいのだ。

好むと好まざるとにかかわらず、会社にはカルチャーが存在する。あなたが気に掛けていても、いなくても、積極的に影響力を及ぼそうとしていても、そうでなくてもだ。あなたが採用した人材はすでに何らかのカルチャーを身に付けていて、たいていは無意識にその要素を持ち込み、職場のカルチャーに影響を及ぼす。リーダーがそれをしっかりと把握して、望ましい状況に導くことが肝心だ。カルチャーは企業の力を何倍にもしてくれるが、善くあろうとするだけでは、そうはならない。

求心力と一貫性のあるカルチャーを組織全体に浸透させるための取り組みが不足すると、会社は、異なる価値体系を持った部署や地域の集合体になってしまう。そして下位集団で力を持つ人間が、それぞれの空気を決めていく。こういう弱いカルチャーを持つ組織は、いくつものグループに分かれ、競争を勝ち抜くことよりも身内同士の戦いに明け暮れるようになる。

カルチャーは時間がたつほど染み付いていくから、対処は急を要する。リーダーとなったら、すぐに始めれば始めるほど柔軟な調整が利く。逆に何十年も続く大企業では、流れを変えるのは不可能に近い。新しいリーダーが来ても、人々は前からなじんでいるやり方に固執する。努力がカルチャーに負けるのだ。

裏を返せば、カルチャーは組織のパフォーマンスを上げ、ほかと差をつけるための強い原動力にもなる。成功している組織の多くが、うまくいっている理由として自分たちのカルチャーを挙げるのも当然だ。カルチャーは、他者にはマネできない差別化要因の1つ。競合他社は資本を得たり、人材を引き抜いたり、アイデアを盗んだりすることはできるかもしれない。でも、カルチャーをコピーするのはまず無理だ。

一貫性のあるカルチャーを導入するには、高尚な主義や価値観を掲げるだけではダメだ。リーダーの多くは、委員会を招集して一連の価値観をまとめ、ポスターを印刷してオフィスのあちこちに貼れば、カルチャーの一丁上がり……と簡単に考えているようだ。しかし従業員はポスターからは学ばない。子供たちと同じように、何かしらの結果がもたらされた、あるいはもたらされなかったことから学ぶのだ。だから、より一貫性のある行動様式、規範、価値観を導入したいなら、一貫性があってはっきりとした結果がもたらされるよう、日々注力しなくてはならない。

あなたの対応が正しければ、皆がカルチャーを守りたいと感じるようになり、逸脱行為を互いに注意し合うようになる。これこそ、組織内にしっかりと脈打つカルチャーの特徴だ。

データドメイン社でのカルチャー観構築

私が合流した２００３年当時、データドメイン社のメンバーはほんの20人強で、これは私たちにとってアドバンテージだった。小規模なスタートアップのほうが、ずっとカルチャーを調整しやすい。後に大規模な雇用が始まると、それに伴ってさまざまな価値観や行動様式が入ってきてしまう。小さなスタートアップ企業では、さまざまな物事が固まっておらず、形成途中なので、一気に大幅な進展が望める。ある意味、ほぼ手付かずのキャンバスを目の前にしているようなものだ。

私たちが入った頃のデータドメイン社はカルチャーの観点から言うと､ほぼクリーンで､つまり行動様式に行きすぎたところがほとんどなかった。共通の目的を強く意識していたし、取り組みや行動はおおよそ会社のミッションに沿うものだった。

そんな中、私たちは、望ましい価値観を伝えたり覚えたりしやすいように、頭文字を取ってＲＥＣＩＰＥ（レシピ）とした。

Ｒ＝Respect（敬意）
Ｅ＝Excellence（卓越）
Ｃ＝Customer（顧客）
Ｉ＝Integrity（誠実）
Ｐ＝Performance（成果）
Ｅ＝Execution（実行）

Respect（敬意）は常識だと思うかもしれないが、組織においては当たり前とはほど遠い状況だ。私たちが意図したのは、人に対してただ丁寧に接するということではない。それも敬意の表れではあるが、もっと広い意味で、常に純粋な態度で人と関わるということだ。相手に興味を持ち、素早く反応し、可能ならいつでも協力する。他部署の人から連絡があっても絶対に無視してはいけない。同僚からのメールを、何日も何週間も放置するのもダメだ。またジェンダー、人種、民族に基づく差別や嫌がらせを警戒することも、敬意に含まれる。まれではあったが、こうしたことが起きた時には、私たちは素早く厳格に対処した。

Excellence（卓越）とは、全員で最高の仕事をしようという意味だ。エンジニアや営業といった、最も脚光を浴びる人たちだけではない。人事や経理の人々にも、それぞれの職務での卓越性を求める。毎日、卓越を目指して働かなければいけないというのは簡単なことではない。口先だけでこの価値観に賛同するのはたやすいが、お互いに高い水準を求め、凡庸な仕事ぶりを許さないというのは、それに比べてはるかに難しい。

Customer（顧客）はすべての中心だ。多くの会社がそれを知っているが、驚くことに、わかっていない会社も山ほどある。これもまた、口先だけ同意する人が多いテーマで、本当に必要な場面で顧客重視の行動が取れない人はよくいる。顧客については、私はいつも強い言葉を使ってきた。「どの顧客も置き去りにしない。絶対にだ」「順調な時も苦況にある時も、一貫して顧客を支援する」「顧客の成果はうちの成果」。自信を持って顧客のために力を注ぐように促した。大手で、戦略的に重要な顧客だけでなく、すべての顧客のためにだ。例外はない。

従業員を一番に考える会社に在籍していたこともある。いい待遇を受けた従業員は、顧客にも最上の待遇をするはず、というのが彼らの言い分だった。どうして、そういう間接的な発想になるのだろう？　顧客がいなければ私たちの存在理由はなくなるのに。

Integrity（誠実）とは、利害関係者すべてが例外なく、私たちの発言を信用し、約束を信頼してくれることを意味する。私たちは、発した言葉だけでなく、その精神にも忠実でいなければならない。ひとたびブレたら、後は下り坂をズルズル滑落することになる。誠実さが失われると、真っ先に信頼が崩れ、そこから負の連鎖が始まるのだ。嘘のないあり方を貫き、結果としてすべての利害関係者から信用されるようになれば、道のりはずっと楽になる。

Performance（成果）を上げたい、と誰もが言う。だが、本当の意味で向上を目指している人はほとんどいない。個人や部署ごとに責任を負わせ、一貫して優れた結果を出させようとするのは大変だからだ。成果不足に立ち向かうのは決して楽しい作業ではないが、組織のあらゆる階層で取り組まなければならない――負の感情はおいておいて、データと事実に基づいて進めよう。責任を取るというのは心地のいいことではない。誰しも、自分が力不足だったらと思うと不安だし、他人の力不足を指摘しなければならないのもまた不安だからだ。けれども、すばらしい会社にしたいなら、凡庸さを見過ごすわけにはいかない。「及第点」で間に合うことなど決してないのだから。

Execution（実行）を価値観とするのは、戦略よりも実行に注力するためだ。前述したように、これはシリコンバレーが比較的苦手とする分野といえる。戦略が絶えず議論の的になる一方で、実行の価値は軽く考えられがちだ。弱いのは実行力なのに、戦略が練り直されはじめたりする。私たちは、「実行のやり方がわからなければ戦略のよしあしもわからない」と皆に伝えてきた。

データドメイン社では、競合他社の多くが自分たちの戦略を疑い、確たる根拠もなく方針転換するのを目にした。私たちが彼らに勝てた理由の少なくとも一部は、それをやらなかったからだ。私たちは黙々と働き、戦略を信じ、一段また一段と実行の腕を上げることに集中していった。戦略が完璧でなくとも、高い実行力を持つ組織は負けない。

サービスナウ社におけるカルチャー

カルチャーについてデータドメイン社で学んだことのすべてを、私たちはサービスナウ社で活かした。ただ、RECIPEの枠組みが有効だったとはいえ、新しい会社での有機的なプロセスを経ずに、頭ごなしに押し付けることはしたくなかった。もしそうしていたら、創業メンバーとの間に過剰なあつれきが生じてしまっていたと思う。それでなくても、当初、私たちは侵入者とみなされていた。

最終的に残ったのは、揺るぎない、顧客中心の、成果を重んじるカルチャーだ。サービスナウ社にはすでに優れたプロダクトがあり、顧客の中にはひいきにしてくれる先があった。会社もプロダクトも好かれていて、顧客の立場だった人が、後に従業員として入ってくれたケースもかなりある。

成果主義のカルチャーを導入した当時、スタッフがそれに慣れるのにはしばらく時間がかかった。サービスナウはサンディエゴを拠点とする会社で、のんびりした生活スタイルを旨としていた。最初、カリフォルニアというよりコロラドのようだと思ったくらいだ。人材とカルチャーの両面で、会社は間違いなく、最高を超えられるような運営の仕方を必要としていた。ところが、シリコンバレーの豊富なＩＴ人材を取り込めるような存在感を、現地で獲得していなかった――そこで、私たちは対策を講じた。するとサンディエゴ・オフィスの特徴を保ちながら、業績面でかなり成長することができた。サンディエゴ的カルチャーを完全に捨てることなく、より真剣に、集中して、成果を追い求めていける組織に生まれ変わることができたのだ。このような中でサービスナウ社は優れた成果を上げていった――そして私たちが行ったいくらかのこと、あるいは、多くのことが的確だったと、皆にも納得してもらうことができた。

スノーフレイク社のカルチャー改革

スノーフレイク社での初週、私の目に入ってきたのは、前任のリーダー陣が望む価値観が書かれたポスターのたぐいだった。見るからに、誠意に満ち、親切で、意識の高い企業という感じがする。だが実際には、支社や部署によっては、時折これらの価値観と食い違う点があった。数日もしないうちに、私たちは基本のミッションやポスターの文句とは大きくかけ離れた行為を目にするようになっていったのだ。

カルチャーは、CEOが単に宣言したり、上層部が「コアバリューに基づいて行動します」と言ったりしたところで成立しない。組織の大部分が、その価値観を守ろう、促進しようという気持ちになり、日常ベースで逸脱行為を指摘することで築かれるのだ。私たちが入った時点では、スノーフレイク社ではこうしたことはあまり行われていなかった。皆が部署ごとのサイロに閉じこもり、いくらかの例外はあったものの、リーダーたちの関係はうまくいっていなかった。

主要な営業地域には、問題含みのカルチャーがあることもわかった。Slackではそれについて大いに不満が語られ、書いた本人が後で後悔するのではないかと思うような、あけすけな文句が並んでいたほどだ。

本社のリーダーたちは、こうした事態にほとんど気付いていないようだった。従業員は陰で意見や感情をあらわにする。当然ながら、一般社員の間ではよく知られていたが、事態に対応できる人々のところまでは届かなかったのだ。

こうした状況を垣間見た私たちは、元従業員――失うもののない人たち――に連絡を取り、彼らの体験を聞いて突破口を開くことにした。現役の従業員はおしなべて話すことを拒んだ。上司の反感を買うのが恐ろしいからだ。それに、問題を起こして解雇にでもなろうものなら、せっかく価値ある譲渡制限付株式を温めてきたのに、台なしになってしまうかもしれない。

都市内、地域内の営業担当者は、会社の枠を超えて日頃からいろいろな話をする。一度くらいは一緒に働いたことのある人も多い。だから、スノーフレイク社の営業カルチャーに課題があるということは、社内の管理職よりも、むしろ外部の営業のほうがよく知っていた。私が問題に気付いたのも、サービスナウ社の元従業員数人から、ちまたの噂として聞いたからだ。「いつも誠実に」「切磋琢磨」「違いを尊重」といった美しい価値観を標榜している会社にとって、残念極まりないことだった。

いい点があったとすれば、価値観をひどく損なうと深刻な結果が生じる、ということが目に見えてわかる機会になったことだ。問題のある部分をすべて突き止めるまでには時間がかかったが（１カ所に集中しているわけではなかった）、私たちはそれをやり遂げ、許容範囲を超える行いをした営業幹部とは決別した。

上層部として、会社が打ち出す価値観については再考の必要はないと考えた。私が来る前に練られた大きな目標に、何か悪いところがあったわけではない。問題は、打ち出された価値観と実際のカルチャーの不一致だった。望んだカルチャーを手に入れるには、積極的に整合性を求め、強化していくしかない。

カルチャーを守る責任

いい企業においても、局地的に悪いカルチャーがはびこることがある。不適切な行動を取る営業マネジャーが問題になっていた時も、スノーフレイク社自体は優れた企業だった。私は、仕事の業績が振るわないことより、対人関係における不適切な行動のほうに機敏に反応して、該当の人物を外すべきだと考えている。その人の価値観や性格が明らかに会社のカルチャーと合っていれば、業績の改善に協力することもある。けれども、同僚や顧客にひどい態度を取るのは、もっと基本的な問題を抱えている証拠であり、指導で改善できるようなスキルの不備ではない。

会社の価値観をあえて無視する人がいると、カルチャーがむしばまれ、組織にいる全員に悪影響が及ぶ。その人と直接関わったことがない従業員も、その人は口が悪い、良心的でない、不誠実だなど、何らかの問題があることを人づてに聞くことになる。こうした行動に上が対処しないと――またはなおさら始末の悪いことに、業績はいいからといって昇進という報酬を与えると――従業員は誰もが、会社の掲げる価値観も、感動的なポスターも嘘っぱちだと理解する。「真の」、そして「暗黙の」カルチャーは、「数字を持っている人間は何をやってもいい」のだと判断するのだ。

だからこそ、著しく攻撃的な態度は解雇の原因になる。そうした行為を根絶し、傷付いた人たちを助けたいからというだけではなく、私たちがどれほど真剣なのかを「すべての従業員」に知ってほしいからだ。カルチャーはよくも悪くも、結果がもたらされたこと、あるいはもたらされなかったことから生まれるものだ。強いカルチャーを望むなら、より大きな善のために特定の人たちに去ってもらうという厳しい決断も必要になる。こうしたことを避ける術はない。

1つ例外があるとすれば、若くて他人の影響を受けやすい従業員が、会社の価値観を無視する上司の下に置かれていた場合だ。上司の指示に従っていただけなら、その従業員が全面的に悪いとはいえないので、行動様式をリセットする機会を将来のために与えることもある。こうした寛大な措置がいい結果をもたらした例は十分にあるので、私たちはこのようなケースには気を配るようにしている。

新しい従業員が入ったら、私たちは会社のカルチャー水準をすぐさま全員に詳しく説明する。後になってから、聞いていないと言わせないためだ。私たちと働くことを望むなら、私たちと同じくらい会社の価値観を真剣に捉えてもらわなくてはならない。賛同できないなら、皆の時間が無駄になり、フラストレーションが生まれるだけなので、別のところで働くべきだ。

多くの企業では、物事が全般的にうまく運んでいる時に、悪い行動に対して寛容になりやすい。調子がいいのに、わざわざ目くじらを立てることもなかろう、という感じだ。急成長に伴う成長痛だとか、避けられない副産物として片付けられてしまう。陥りやすいワナなので、ぜひ警戒していてほしい。

自分たちのカルチャーを評価するにあたっては、いくつか鍵となるポイントについて考えてみよう。最前線で活躍する従業員と話す時、彼らは生き生きしているだろうか、それとも、全員がもがき苦しんでいそうだろうか？　皆が明確に目的を理解し、使命感と当事者意識を持っているだろうか？　数年先の組織の展望について、同じ大きな夢を共有しているだろうか？　多くの人が切迫感と活気を持って仕事を実行しているだろうか？　プロジェクト、プロダクト、人材などすべてにおいて、一貫して高い水準を追求しているだろうか？

強いカルチャーを築き、守ることができれば、そのカルチャーをよしとする人が集まり、不快だと思う人は離れていく。これは「バグ」でなく「意図した機能」だ。皆がカルチャーをどのくらい受け入れるかによって、組織が目的に到達することに手助けをしてくれる人と、足を引っ張る人とがかなり見分けられるようになる。

第8章 直接話させて相互の信頼を築く

サイロ化という危険

何年も前に私はサービスナウ社で、すばらしい経歴を持つ役職者を営業部門のバイス・プレジデント、今でいう最高収益責任者に採用しようとしていた。面接の最中、私はその人物に、現在勤めている会社で、自分が思う一番重要なチームはどこかと質問した。果たして、彼の答えは営業チーム。しかし私は、エンジニアリング、マーケティング、財務、サービスなどを率いている、自分と同格のリーダーチームという答えを期待していた。どんな会社も、実際に動かしているのはこうした集団だからだ。営業チームは、組織全体から見たサイロの1つにすぎない。

個々のサイロの中ではすべきことをうまく実行していけるのに、サイロをまたぐと下手になるというのが、多くの企業が抱える悩みだ。それぞれで指揮を執るリーダーたちも含め、皆が自分たちの組織区分に留まろうとする。サイロを出ずに、組織図の上下でいい関係を構築することはできても、サイロを越えた協力が必要になると四苦八苦。部署をまたいだ問題が生じるたび、従業員は部署のトップに知らせ、他部署のトップに相談してくれないかと頼む。これでは全員の仕事が増えるし、部署のトップは単なる使い走りになってしまう。効率の面からいって、あまりにも痛い。

さらにまずいのは、皆がそれぞれのサイロに閉じこもる風潮が強まると、硬直した権力構造が強まり、リーダーたちの権限が各管轄内で強まってしまうことだろう。こうなると社内政治がはびこり、サイロの頂点に立つ者が大いに力を振るう一方で、ほかの人たちは部署のトップに影響を与えられる地位を狙って争うことになる。もめ事はヒエラルキーのトップへ上申され、実際に相互間での解決よりも上申を好むリーダーもいる。個人的には、もし幹部が私のところに裁定を仰ぎに来なくてはならないなら、非は私にあると考えていた。

組織の編成は、神聖不可侵なものではない。指揮系統を整えるための、単なる手段だ。広がりすぎたり、焦点がぼやけたりするのを防ぐために、明確な組織図を設けているだけの話。逆説的ではあるが、部署ごとにサイロができるくらい規模が大きいほど、組織を分ける線がないかのように団結しなければならない。それぞれのリーダーがお互いに孤立を強めてしまうと、その下に属する人たちがそうしたカルチャーを変えるメリットを感じないのは間違いない。

自分のサイロを壁で囲み、中の人間が外の人間と話すのに許可を求めるマネジャーや幹部が多すぎる。こういう、心配性の仕切りたがりは、想像するよりもはるかに多い。幸い、こうした人たちを変えることは可能だ。

よりよい選択肢：直接話す

私たちが会社でよく言うのは、「直接話せ」だ。部署をまたいだ問題がある時は、他部署の人々のうち、対処にあたって最も直接的に力を借りられそうなのは誰かを見極めて、ためらわずに連絡すべきだ。皆が——本当に全従業員が、どんな理由であれ、役割、地位、職務内容に関係なく、社内の誰とでも自由に話して構わない。地位や肩書きでなく、影響力を重視する組織にしたい。会社は、争い合う小さなチームの寄せ集めではなく、１つの大きなチームだと、皆には考えてほしいと思っている。

私たちはまた、誰かに連絡を取ろうという試みが、すべて迅速に認識され、丁寧な対応で応じられることを期待する。自分のほうが地位が上だから、とか、他部署の問題だから関わりたくない、などの理由で同僚を無視するのは許されない。他社から移ってきた人たちがそうした態度を取ることがあるが、私たちは気付いたら即座に正している。手本となるように、私も従業員からのメールには必ず返信する。ほかの人につなぐための短文だけのこともあるが、誰もが必ず返信を受け取る。

「直接話す」ことをカルチャーの中心に据えるには、何度も意思疎通をして強調する必要がある。私もこのことについて従業員に何度となく説明してきた。何かあった時、人はつい反射的に横よりも縦のつながりに頼ろうとしてしまうからだ。それでも、あなたがリーダーとして「直接話しに行く」ことの重要性を強調し続ければ、サイロの中に留まろうとする皆の習慣を打ち破ることができる。しばらくすると、皆が自分のチーム内と同じくらい抵抗なく、横のつながりを持つようになるだろう。

同じことは部門長レベルにも当てはまる。各部門のトップたちをまとめ、会社の運営機関として役立てることを、私はいつも優先事項としてきた。ＣＥＯである私の役割は、単に指図をすることでなく、彼らがイニシアチブを発揮しやすい環境を整え、創造的な解決策が見いだせるように後押しすることだ。難しい課題について話し合う時には、全員に議席が与えられる。リモートワークが盛んな現代風に言えば、Ｚｏｏｍのギャラリービューに全員の顔を映す、といったところだろうか。

こうすると、幹部が同じ立場の同僚と気兼ねなく直接やり取りしながら働けるようになるので、私のところに、解決を求めてもめ事が持ち込まれることが減る。私のオフィスは魔法の王国ではないのだ！　上層部は、縦ではなく横に動くことで多くの時間と労力を節約できるとわかってくれた。そして、ほかの従業員によい手本を示すこともできている。

ちなみに、特権を振りかざすべきでないのはＣＥＯも同じだ。主張する内容そのものによって支持を得られないなら、意見を通すべきではない。地位をちらつかせて「下がってろ」と言えば、短期的には争いに勝つことができるだろう。でも長期的には、その行動によって解決できる以上の問題が生じることになる。

信頼を築く

「直接話す」が戦略として機能するのは、直属の上司・部下の関係にない他部署の同僚を信頼するのが、メンバーにとって当たり前になっている場合だけだろう。信頼は、うまく回るチームの基本であり、その重要性はどんなに強調してもしすぎることはない。多くの人が信頼し合っている組織は、そうでない組織よりもずっと質の高い日々を送ることができる。同僚がやるべきことをやっているか、誰かが邪魔しようとしていないかと目を光らせるより、組織のミッションに注力できるからだ。

放っておいても信頼は生まれない——信頼は獲得し、深めるものだ。皆がそれを目指し、努力を続けなければならない。ビジネスでは、信頼を獲得したり失ったりする機会がひっきりなしにやってくる。信頼できない同僚というのは、ほぼ直感でわかるものだ。多くの人は、手放しで信頼するのではなく疑い深い態度で接するところから人間関係を始める。そして、がっかりするようなことが一度でもあると、そこから立て直すのは難しい。まさに「一度痛い目に遭うと用心深くなる」という、ことわざのとおりだ。

信頼は、できるかできないかの二択というわけでは必ずしもない。ある部分だけ、ある時にだけ信頼できる人やチームや部署もある。そのほかの人々については、あなたの目指すものと、明らかに、そして意図的に対立してくる存在なので、用心しておくべきだということになる。

信頼度の低い環境では、人はすぐに守勢に回る。同僚から関心を持たれなかったり、あ

チームにおける５つの機能不全

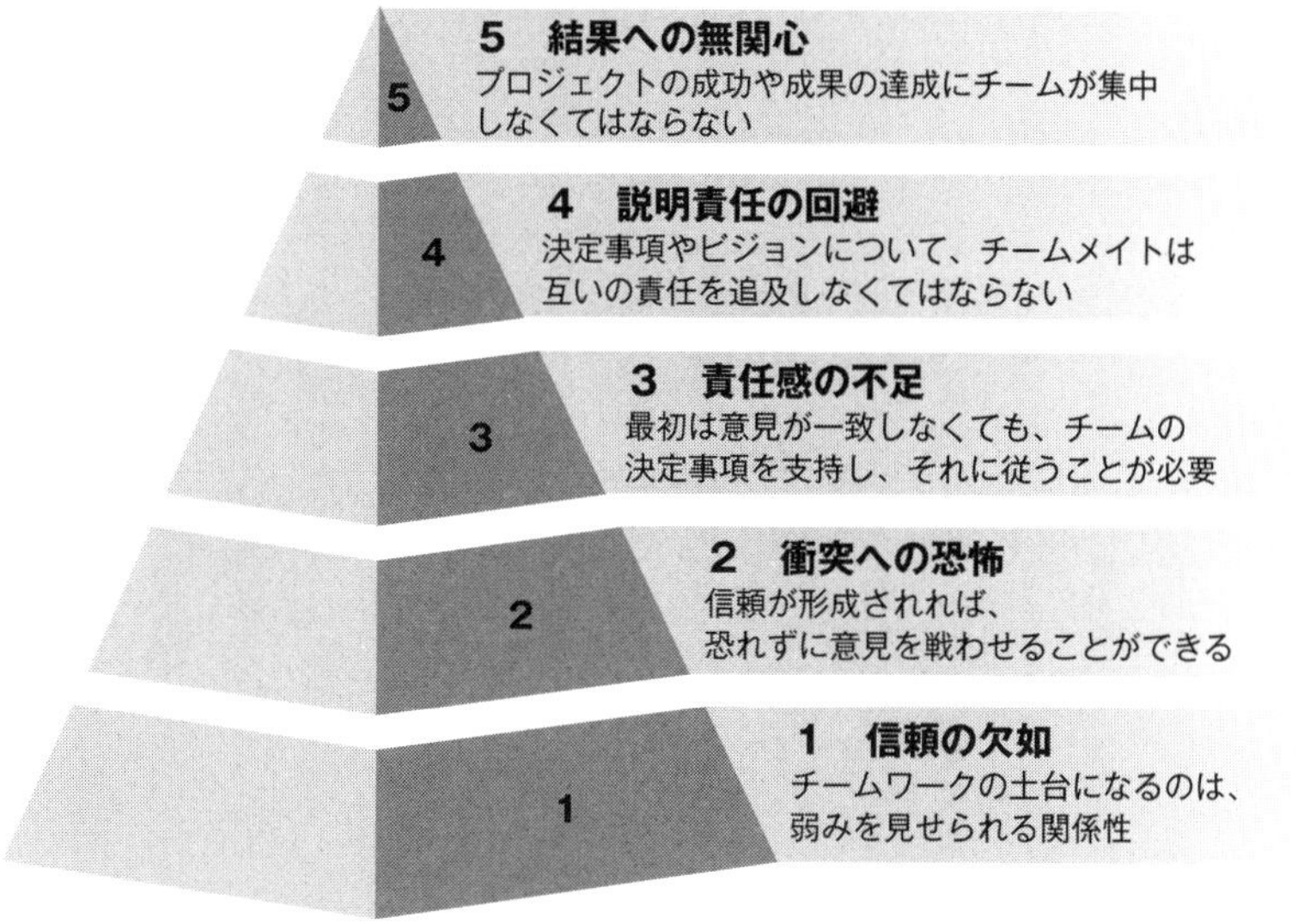
5　結果への無関心
プロジェクトの成功や成果の達成にチームが集中しなくてはならない
5
4　説明責任の回避
決定事項やビジョンについて、チームメイトは互いの責任を追及しなくてはならない
4
3　責任感の不足
最初は意見が一致しなくても、チームの決定事項を支持し、それに従うことが必要
3
2　衝突への恐怖
信頼が形成されれば、恐れずに意見を戦わせることができる
2
1　信頼の欠如
チームワークの土台になるのは、弱みを見せられる関係性
1

からさまな妨害を受けたりしたら、自分がどれだけ傷付くかということを基準に行動を組み立てていく。個人としてはそれで生き抜けるだろうが、組織全体としては苦戦することになる。皆が会社でなく自分自身が生き延びることに気を取られていては、成功は望めない。

　こうした考え方をまとめたものが、パトリック・レンシオーニ著『あなたのチームは、機能してますか？』（伊豆原弓訳、翔泳社２００３年）に記載されており、私はこれを気に入っている。この書籍の概念的な枠組みを使って、私たちは何年もチームがどれくらい機能しているか評価してきた。書かれている内容は前ページの図のようなものだ。

この枠組みにはさらなる検討の余地も大いにあるが、基本となるのは信頼だ。信頼がなければ、そのほかのチームの機能不全はどれも――衝突への恐怖も、責任感の不足も、説明責任の回避も――改善することは難しい。

あなたは信頼できるリーダーか？

組織において信頼を築くには、リーダーが信頼できる人物でなければならない。そして信頼とは、直属の部下含め、誰かに要求すれば手に入るものではない。勝ち取るものだ。

3つの異なる会社で新CEOに就任するたび、私は初日から皆の不安や不信感を感じた。どんなに立派な経歴や経験があっても、新しいリーダーは疑念の視線から逃れることはできない。人は変化を警戒するものだ。しかし、あなたの言っていることとやっていることがどこまでも一致していれば、やがては信頼を獲得することができる。

人は、あなたの言葉と行動の不一致にいつも目を光らせている――特に、スタッフへの接し方については厳しい。ほんの些細《ささい》なごまかしにも敏感に気が付き、やがてはあなたの言葉を割り引いて考えるようになる。だから政治家は人々に信用されないのだ——彼らの言葉のほとんどは現実とかけ離れている。見てくれと印象の世界で生きていて、あらゆる公約が、次の選挙が終わるまで延期されるか、なあなあで終わってしまう。

だからといって、信頼を得るためにいつも完璧な人間でいろと言いたいのではない。それでもリーダーとして、自分の行動については誠実に釈明することが必要だ。足りないところや改善点を自覚しているのをわかってもらえれば、信頼が高まる。失敗について正直に話すほうが、失敗を否定して、なかったことにしたいと願うよりも、はるかにうまくいくだろう。もちろんこのやり方は長くは使えない。素直に過ちを認めたとしても、いつまでも期待を裏切ってばかりでは、信頼はしぼんでしまうことになる。

大げさな予測は、あらゆる信頼や信用が崩れる元だ。だから期待値を設定する時には、それに耐え得るだけの資源や能力があるかを確かめておこう。成果物だけでなく、人に対する接し方についてもそうだ。たとえば、あることについて徹底的に基準を守れと言ったら、例外は認めない。誰かを守ると言ったら、必ずそうする。口で言ったからには、やらなくてはならない。信頼されるのは真っ正直な人間だ。

確実に信頼を引き出すために、もっといいのは、控えめに約束して期待以上の結果を出すことだろう。スノーフレイク社ＣＥＯへの就任は、波乱に満ちていた。従業員にとっては寝耳に水、前任のＣＥＯが人気だったところへ、私が来てすぐにリーダーの顔ぶれを変えたので、皆が動揺していた。全社対象の四半期ミーティングを最初に迎えた時、私は、希望的観測に頼るのではなく、きちんと焦点を絞って実行すれば、ものの12カ月から18カ月で会社の価値は10倍に達すると説明した。その時は大多数の目に不信感が見て取れたが、結局は13〜14倍の価値で会社を上場させることができ、さらに取引初日に株価が２倍になった。その週、私の元には、10倍と予想した1年前のあの運命的な日を振り返るメールが従業員からたくさん届いた。こう書き記した従業員もいる。「あの日、私たちはあなたを信用していませんでした。でもあなたは有言実行をやってのけましたね」

心から信頼し合える環境の利点

信頼し合えるカルチャーがあると、組織のパフォーマンスもよくなる。いい仕事をするために遠慮なく指摘し合えるからだ。追い込まれたとか、顔を潰されたと感じる人はいない。政治的でなく良心的な動機で皆が行動しているのだと信じることができれば、守りの姿勢にならずに、仕事上の問題や課題に集中して取り組める。こうした環境では、決断を誤っても弁解する必要はない。失敗を認めてすぐ次へ行ける。

手本を示すために私は、判断を間違えた、悔やまれるなと思ったら、必ずそれを大っぴらに認め、早々に失敗宣言をしてきた。たとえば、データドメイン社では優れた契約製造体制を築くことに苦戦してしまった。何人かのリーダーを雇用したものの、最終的には解雇に至った。採用に失敗したのは、私がソフトウェア畑の人間で、それまで製造を扱った経験が一度もなかったせいもある。私は公に失敗を認める一方で、状況を立て直すまでは手を止めないとも言い、最終的にはそれを成し遂げた。

サービスナウ社でも不気味なくらい似たような経験をした。クラウドコンピューティングのインフラを管理するリーダーシップを確立しようとしていた時のことだ。これもまた私は未経験で、業界全体で見ても新しい領域だった。リーダーシップに関し、私たちが誤った一歩を踏み出したことが広く知れ渡ってしまい、私が責任を取った。以前のように、必要な状況にたどり着くまで手を止めないと従業員に言ったのだ。過ちを認め、解決策が見つかるまで全力で状況回復に努める限りにおいて、その過ちは許される。

皆も極端な結果を恐れずに、過ちを認めていいんだということを示したくて、私は失敗を宣言した。間違いを犯さない人間などいない。内なる悪魔と対峙し、自分の行いを正すのが早いほど、ビジネスも順調にいく。そしてそれができるのは、安心と信頼のある環境だけだ。

第4部

Sharpen Your Focus

焦点を絞る

第9章 解決策の前に分析を

解決策に走ることの問題点

医療専門家は「診断中心」で治療を進めている。これは特に驚くべきことではない――医療ミスによる訴訟も多いこの時代、正しい診断なくして患者を効果的に治療することなどできるだろうか？　医師は原因を特定するために、検査に十分な時間を割くよう教え込まれている。診断が確定して初めて治療の手順を開始できるのだが、その後も、治療が効いているかどうか目配りを怠らないようにも教育されている。診断ミスのサインを見逃さないためだ。生命科学は先が読めず、専門家でさえ、何一つ当たり前といえることなどない。

ところが、ビジネスには真逆の文化的傾向があるようだ。とかく私たちは「解決策中心」

になりがちで、原因の特定よりも解決策について議論することに大半の時間を費やしてしまう。何が悪さをしていて、それをどうすべきかという結論を早く出したがる。目の前の状況について広い視野をもって分析しようとするよりも、個々の経験に基づいて反応し、パターンマッチを行ってしまうのだ。

自らの判断に根拠のない自信を持ち、さっさと解決策を試したいと考えてしまうことはよくある。しかし問題を正しく理解していなければ、そうした解決策もうまくいかない。たとえば、私の最初の勤め先、デトロイトのバロース社は、「ＢＵＮＣＨ」（訳注：１９７０年代にＩＢＭと競合していたメインフレームメーカー５社をまとめて呼んだもので、バロース、ユニバック、ＮＣＲ、コントロール・データ、ハネウェルの頭文字）の１つだったが、不振から脱却するには事業規模を拡大すべきだと結論付け、スペリーユニバックとの対等合併に踏み切った。ところが、バロース社が欠いていたのは事業規模だというもっともな証拠が何もないことは、合併後に社名変更して誕生したユニシス社の、その後の35年間のありさまを見ればわかる。課題は合併後も残ったどころか、前より大きくなった。スペリーユニバック社自体にも問題があったからだ。Ｍ＆Ａ（合併・買収）は、好ましくない流れから脱却する方法としてよく選ばれる。しかし、問題の分析が不十分になるがゆえに、望んだとおりの結果になることはそれほどない。

こうしたことが起こる要因の１つは、知的怠慢だ。さまざまな解釈が可能なのにもかかわらず、自分が持っている判断の枠組みに引っ張られ、恣意的に取捨選択してしまう。人は無意識に、ある文脈にだけ引き寄せられ、そのほかを拒んでしまうものだ。特定の文脈が体面をよくする、あるいは悪くするとなれば、そこに駆け引きの要素も絡んでくる。時には業界全体が、一般通念を逸脱するのは得策でないと考え、月並みなパターンに従うこともある。分析的に正しいかどうかよりも、議論に勝つことのほうが重要になるのだ。

90年代半ばに私が働いていた会社もそのような感じだった。私が大手のうち2番目に勤めたミシガン州ファーミントン・ヒルズのコンピュウェア社は、メインフレーム中心のビジネスから脱却しようとしていた。メインフレームは当時、すでに時代遅れのデカブツとみなされていて、クールなのはミニコンピュータ、UNIXオペレーティングシステム、デスクトップPC、ウィンドウズサーバーだと思われていたのだ。ただ、コンピュウェア社が何を解決しようとしているのか、そもそも問題が存在しているのかさえもはっきりしていなかった。メインフレームは、当時登場していたどの新技術と比べても、まだ収益性が驚くほど高く、予測可能性が非常に高いビジネスだった。しかも、メインフレーム事業は、あの悪名高い2000年（Y2K）問題を数年後に控えて、一気に再加速しようとしていた。コンピュウェア社はありもしない問題を解決しようとして、失敗する買収を次から次へと行っていたのだ。

結局私は、そうして買収された会社の１つ、オランダ・アムステルダムにあるユニフェイス社のリーダーシップを任されることになった。数々の課題を伴う買収だったが、とりわけ、ユニフェイスの技術はすでに実質的なライフサイクルの終わりを迎えており、状況は厳しくなる一方だった。この買収によって解決できた問題は１つもなく、むしろ長期的な問題が生まれることになったのは間違いない。時として企業は、主力事業が成功しているからというだけで失敗するはずがないと過信し、分析も理解も不十分な新しい事業分野に突入してしまうことがある。当時、メインフレーム事業が安定して長続きしていた一方で、新技術は猛烈なペースで現れては消えていた。あの状況では何を買収したとしても、まず短命に終わっていただろう。

解決策に飛び付くもう１つの要因は、集団思考だ。これに陥ると、斬新で創造的で意外性のある思考ができなくなってしまう。結果、悲惨な事態に至ることは、１９６０年代初頭のキューバにおけるピッグス湾事件などの歴史からも明らかだ。集団思考は人間のどんな取り組みにも付き物ではある。大切なのは、知的廉直を保つべく、どれだけ努力できるかだ。人は偏見も先入観も持っているもの。確証バイアスという言葉もあり、これはそうした傾向をより深く説明した心理学用語だ。

たとえば、スノーフレイク社に入った最初の頃、顧客のデータクラウド導入について行った会議でのことだ。出された提案はどれもこれも、データソースの種類を増やしてより利用しやすくするという施策ばかり。この部分こそがデータクラウドが思うように顧客に採用されない原因だろう、という推測に基づいてのことだ。問題の本質や、普及が進まない理由として何が考えられるかといったことは一言も述べられなかった。そこで、皆はいい気はしなかったと思うが、私は出された案を迅速に推し進めるのではなく、話を問題の本質へと振った。基本的に私は「とりあえず試そう」とか「やってみて、うまくいくか見てみよう」というのが好きではない。時間のロスになるし、資源も無駄だ。「数撃ちゃ当たる」よりも「一撃必殺」を目指していきたい。

それ以来、私たちはデータリソースの公開範囲を大幅に拡大してきたが、すべてのデータが同等なわけではないということも学んだ。データソースの中には需要が高いものもあれば、ほとんどアクセスがないものもある。データが特定の分野に深く広く集中する、後にデータグラビティと呼ぶ現象が垣間見えるようになったのだ。初期にデータクラウドの導入課題をきちんと理解したことで、力ずくではない、より繊細なアプローチを取ることができるようになった。

分析に集中するには

そう、私たちは医師に倣うべきだ。じっくり時間をかけて状況と問題を批判的に検討してから、理由付けをする。解決策に気を取られてはいけない。これには、知的廉直が求められる――偏見や過去の経験を脇において、合理的に考える能力のことだ。最初に思い付いたものだけでなく、あらゆる可能性を検討しなければならない。直接関わっていない人からの助言も必要だ。

では、結論に飛び付く前に合理的な分析ができるようになるには、そして、知的に廉直でいられるよう部下を訓練するにはどうしたらよいだろうか?

私が好んで用いる方法は、いわゆる第一原理から始めることだ。問題を最も基本的な要素にまで分解する。すでに知っていると思うことがあっても考えに入れず、こんな状況に直面するのは人生で初めてだ、と想像しよう。経験があればあるほど、この方法を実行するのは難しくなるのだが、努力する価値はある。

会議の中で、内容の90%が問題でなく解決策について語っているようなプレゼンがあると、私はよく異議を唱える。計画案や事業案を簡単に承認せず、いつも原点に戻ろうとするので、同僚たちはもどかしいようだ。早く実行に移したいから、考え得る原因をあれこれ掘り下げる議論など、時間の無駄に思える。だが言うまでもなく、問題に対する認識が間違っていて、施策に効果がなかったとなれば、そのほうがずっと深刻な時間の無駄だ。問題を調べ、分析しはじめると、視点が変わり、可能性の幅が広がることがよくある。こうなれば、後になってから引き返さざるを得ないようなミス――時間、労力、資金の無駄――を防げることが多い。

この話をすると、私が好きな言葉の1つである、サン・マイクロシステムズ社スコット・マクネリの「早く失敗する」という言葉を思い出す（第5章の「正しい戦略を持つ」でも紹介した）。間違っているとわかったら、すぐに正そう。軌道修正が早い人、という評判を築くのだ。成功するためには、常に正しくある必要はない。間違った時に素早く認められればいいのだ。そうすれば、特定のシナリオに飛び付いた後、体面が傷付くことを恐れて分析の見直しを拒む大多数の人々とは、一線を画すことができるだろう。

人事決定では特に分析が大事

このアプローチが特に重要なのが人材確保の分野だ。人間の性質には客観的に測れないものが多すぎて、採用に関する判断にはどうしてもバイアスが掛かってしまう。けれども、ある採用判断が最終的に失敗だった、というのはまだ仕方ないとして、採用の失敗を直視しない、認めない、放置するというのは許されない。何十年の経験を積んだ私でさえ、過去の実績がすばらしく、尊敬され、慕われている人を幹部として雇ったのに、結果はひどかった、という経験を何回もしている。こうしたことは誰にでもあるのだ！

では、採用に関する分析が間違っていた場合、どうやって気付けばいいのだろう？ 私たちは年に数回、「キャリブレーション」というセッションを実施している（第6章で触れた）。各部長が、直属の部下のパフォーマンスと可能性を分析して、ほかの部長に発表するというものだ。これによって、成長株は誰で、苦戦しているのは誰で、深刻に懸念されるのは誰か、認識が明らかになる。部長たちはできるだけ客観的な評価に努め、それに対するほかの部長たちの意見を聞くことで、評価の妥当性も確認することができる。

一人一人の考えに偏りがあったとしても、同僚が集団としてまとまれば、明確な人材評価ができる場合がほとんどだ。人は、同僚集団に受け入れられるか、拒絶されるかのどちらかで、その中間はめったにない。強いカルチャーを持つ会社では、管理職集団が抗体のように働いて、危険な異物が組織の健康を壊す前に拒絶することができる。

キャリブレーションは難しい取り組みかもしれないが、組織内に調和不足があれば、それを浮き彫りにしてくれる。また、自分の内なる悪魔と向き合うきっかけにもなる。ある部下が二流以下のパフォーマンスなのに、見逃していないだろうか？　程度の差はあれ、こういうことは必ずある。改善は望めるか。そもそも改善を望むべきか。日々の業務に追われて鈍くなりがちな感覚を、分析によって研ぎ澄ますことができる。時間を割いてこういった内容を忌憚なく話し合えば、活気も生まれるはずだ。

ある幹部についての評価が人によって大きく割れる時は、私たちは結論を急ぐよりも分析を重ねる。その人に対する感じ方が人によってまったく違うのには、何か理由があるはずだ。話し合いに十分な時間を割けば、必ずその真相にたどり着ける。まずは分析すること――誰かの今後のキャリアが左右される場面では特にそうだ。

第10章 全員で目指すカスタマーサクセス

カスタマーサクセス部は必要か？

10年ほど前、シリコンバレーでいわゆる「カスタマーサクセス部」を作って人員を配置するのが流行った。それ以前はほとんどなかったのに、いつの間にか、どの会社でも当たり前のようにそうしていた。具体的には、カスタマーサクセスに特化した専門チームに資源を割くというものだ。

顧客は、自分たちを代弁してくれる専門チームができて喜んだ。カスタマーサクセス部のスタッフは、営業部門にもカスタマーサービス部門にも属さない一方で、顧客が抱えるどんな問題にも対処すべく、会社のあらゆる資源を無制限に調整・活用する。たいていは、技術、営業、製品サポートなど、他部署のエキスパートで構成された混成チームだ。

すばらしい経営革命だと思うだろうか？　サービスナウ社やスノーフレイク社の人々はそう思った。そして、実際にカスタマーサクセス部を作った。どちらも私が入社する前の話だ。同業他社が作った流行に乗り、満足だったかもしれない。でも私は違う。両社でカスタマーサクセス部を廃止し、スタッフをそれぞれの専門性が一番発揮できる元の部署に戻した。

そこまで反対だったのには理由がある。カスタマーサクセス部があると、ほかの従業員が「顧客はうちのプロダクトやサービスを使って成功しているだろうか」と考える動機が奪われてしまうのだ。こうした断絶が生まれると、将来もっと深刻な問題が生じかねない。サイロの中で、狭い視野での目標を達成することにばかり気を取られ、顧客満足というもっと大きな、もっと重要な目標のことを考えなくなる。顧客が満足するからこそ、続けて使ってもらえて、口コミで収益が増えて、会社が長期的に存続することになるというのに。

たとえばサービスナウ社では、カスタマーサクセス部の数人が顧客とのやり取りをほぼ独占し、技術サポート、専門的サービス、さらにエンジニアリングに至るまで、会社のあらゆる資源を顧客のために調整するということが起きていた。その結果、他部署は身を引き、受動的になり、カスタマーサクセスに対する責任感を薄れさせてしまった。部署間の隙間が埋まるどころか、開いてしまったのだ。

カスタマーサクセスは全員の仕事

ここで取り得る別の戦略は、「1部署だけでなく全社でカスタマーサクセスに取り組むべし」と宣言し、常に強調することだ。問題が起こったら、すべての部門が解決する責任を負うということになる。全員の動機が、顧客の利益と完璧に調和している状態が望ましい。

基本となる部署がそれぞれ適切に機能し、責任を持って仕事をすれば、別途、部署を設ける必要はないのだ。お世話部隊が必要なほどプロダクトが粗末なら、プロダクトの改良にもっと資源を割こう。問題がもっとありふれたものならば、全員で真剣に受け止めて直ちに対処するよう、促せばいい。いずれにせよ、新しい部署を作ったからといって新たな価値は生まれない。むしろ、顧客を失望させているかもしれない部署の責任逃れを助けるだけだ。

新しい部署を作って人員を再配置したいという衝動は、アメリカ政府にもあるようだ。

問題が起こるたび、解決策として新たな官僚組織の追加が提案される。たとえば、FBIやCIAや国防総省が、軒並み9月11日のテロ攻撃を防げなかった時、どこも責任を本格的に問われなかった。その代わり、国土安全保障省という巨大な組織が新設されている。どの政府機関も、職責を果たせなくとも処罰されず、存続して、またしても政府財源の獲得競争を繰り返す。その一方、組織が増えることで、根本的な問題解決への道はますます複雑になるばかりだ。

顧客の不満を根本的に解決する最善の方法は、責任の所在を明確化し、社内機構の複雑さを減らし、中継ぎするだけのお役所的な部署を廃止することだ。特に顧客と直接やり取りするプロダクト開発者と営業担当者は、顧客の幸福に対する責任を決して放棄すべきでない。自分のキャリアの進展も、会社の業績も、顧客の幸福に直接左右されるからだ。最善の体制を組めば、動機の面から皆の足並みがそろう。複数の部署で役割範囲を重複させて、こぼれ落ちる顧客がいないようにすると、なおいい。

この方法が実際にどう機能するか、実例を示そう。私たちは3社すべてで、技術サポート部を顧客の問題に関する担当と位置付け、全面的な責任を負わせることにした。また組織を変更して、その技術サポート部をエンジニアリング部門の下に置き、すべての報告が同じ幹部、つまりエンジニアリング部門長に上がるようにした。経験上、技術サポートの意思決定について、エンジニアリングが関与していなかったり、影響を感じられなかったりするのは望ましくないからだ。エンジニアリング部門は事実上、サポートの役割を担っているし、技術サポートは能力の限界に達したら必ずエンジニアリング部門と協力する必要がある。これもまた、組織内でベクトルをそろえるということの1つだ。

技術サポートが顧客の問題に対して責任を負う一方で､営業は顧客との結び付きを担う。これをカスタマーサクセス部に譲ってはいけない。ビジネスが拠って立つものは顧客との結び付きであって、取引や決済ではない。営業担当者が、自分の仕事をカスタマーサクセス部のたぐいに委ねないことが大切だ。

主要チームが十分に権限を与えられ、自分たちで問題を解決できるようになれば、カスタマーサクセス部がかつて存在したことなど忘れ去られるだろう。組織はもっとシンプルで、低コストで、機能的なものになる。

第5部

Pick Up the Pace

ペースを上げる

第11章 営業の強化

売上を伸ばすにはタイミングが大事

2009年に出版した著書『Tape Sucks』（未邦訳）で、私はこう述べた。「ベンチャーはある時点で、資源の節約から活用へと、知り得る限り効果的なやり方で素早く切り替えなくてはならない――ただ、その転換期がいつ来るのかは、必ずしも明確ではないが」。

「スタートアップの営業を強化するタイミングをどのように見極めればいいか」というのは、私が起業家からよく受ける質問の1つだ。単純な答えはないのだが、以下のような点を考えれば、あなたなりの結論を導き出すのに役立つと思う。

- 現在の営業生産性に満足しているか？　そうでなければ、営業人員を増やす前に、どうすれば生産性を改善できるか？
- リードジェネレーション（訳注：見込み客を獲得するための活動）のプロセスについて、実績面から満足しているか？　そうでなければ、改善するためにはどうしたらよいか？
- 売上目標達成のために設定したスケジュールは現実的なものか？　短期間に多くを求めすぎていたり、のんびりで緩すぎる目標を設定していたりしないか？
- 競合他社を引き離すために、積極的で、大胆な発想をしているか？
- 設定された売上目標とスケジュールをあなたの営業チームは承知しているか？

また、それぞれのメンバーが目標を自分事と捉え、全力を尽くしているか？

営業チームを性急に編成しようとするのは、ありがちな経営ミスだ。営業成績の優秀なメンバーとそうでないメンバーとの違いをよく理解しないまま頭数を増やそうとするのも同じ。反対に条件が整っているにもかかわらず、営業活動拡大のための大きな投資をためらうのも、またしかりだ。ここで、私が勤めてきた3社の例を挙げよう。営業に関して起こりがちな問題と、その解決方法について、より理解が深まると思う。

データドメイン社：キャズムを越える前に営業を急がない

データドメイン社で初めてフルタイムの営業担当者を雇ったのは、私がCEOに就任してかなりの期間が経過してからだった。プロダクトのアーリーアダプター（訳注：初期採用層）とマス市場との間にある、いわゆるキャズム（ジェフリー・ムーア著『キャズム』で提唱された概念）を越えようとする以前に、私たちはまず最適なプロダクトマーケットフィット（訳注：製品が特定の市場に合い、受け入れられる状態）を確立させなければならなかった。一貫した成果を上げられるような、体系的で再現可能な営業プロセスを構築する段階には、まだ至っていなかったのだ。

初めて雇った営業担当者は技術的な知識が豊富で、見込み顧客企業の技術者と関係を築くのがとても上手だった。顧客の社内にいる、私たちを支持してくれるチャネルパートナーも知っており、チャンスを1つずつ、つかんでいった。このような初期段階での販売は、定型で再現可能な営業プロセスという感じではなく、むしろ事業開拓に近い。事業開拓においては、あらゆる局面をケースバイケースで解釈し、その時々の状況に合わせていく。価格や契約条件も柔軟だ。一方で販売には、体系的で高度に標準化されたプロセスがある。

この営業担当者は大きく成功したし、データドメイン社にも長く勤めることとなった。

しかし、彼のゆっくりと根気強く開拓していくスタイルは再現性に欠け、規模拡大も難しかった。次に雇用した営業担当者は同じスキルを持っておらず、失敗してしまった。本人がダメだったわけでは決してなく、もっと安定し、成熟度の高い段階での営業に向いていただけだ。私たちは、彼のような一般的な営業担当者が活躍できる体制を用意できていなかった。基本的な条件が整っていないのに、力まかせでは営業活動は進められない。

データドメイン社は市場の拡大に対応できるよう、プロダクトをアップグレードしつつ、営業職の人員を非常に慎重に、少しずつ増やしていった。初めはパフォーマンスも、できる仕事量もかなり限られていたので、思うように販売数が伸ばせなかった。営業担当者をほんの少数雇うだけでも、1年以上かかっていたくらいだ。

しかしその間に、リードジェネレーションに資源をたっぷり割き、充実を図った。販売の初期段階で直面する大きな課題の1つは、プロダクトに対する十分な需要がないことだ。そこで私たちは、新しい営業担当者にはフォローアップできる見込み顧客の情報を大量に、しかも早急に提供する必要があると考えた。購入を検討してくれるかもしれない潜在顧客が多ければ、営業チーム内の生産性と活力が増すし、経営陣は、営業上の大きな課題は何か、業績のいい営業担当がそれをどう克服しているのか観察することができる。逆に、リードジェネレーションに割く資源を惜しんでしまうと、営業担当者は週に2、3回程度しか商談ができないという事態になるだろう。これではやる気が殺がれてしまうし、努力も実らない。士気を上げ、結果を出すには、活発な活動が不可欠なのだ。

直属の営業スタッフを採用し、つなぎ留めておくことと比べれば、リードジェネレーションへの投資はそれほど大きな出費というわけでもなかった。事業が立ち上がったばかりだと、営業担当の候補者は少なくとも最初の1年間について、給与条件の保証を強く求めてくる。データドメイン社では一時期、フルタイムの営業担当者1名につき、見込み客開拓担当者を3名付けた。リードジェネレーションに対するサポートとしては非常に手厚い。営業規模を拡大する気はまだなかった。重視していたのは、キャズムを越えること。そして持久力をもって存続できる会社になることだった。こうしたアーリーステージで採用した戦術は、当時の状況に特化したものだったから、ずっと続けていくつもりはなかった。

数年後、プロダクトの品揃えが充実してくると、私たちは営業の加速に踏み切った。優秀そうだという推測だけで人を採用することはもはやなく、営業に必要な資質について学んだことを基に、営業職のメンバーを増やしていった。そして、見込み顧客の心をつかむ説明ができるような、わかりやすくて体系的なプロセスを教え、採用した担当者が期待どおりの営業生産性を達成できるようにした。

段階的で慎重な採用方法から大規模採用へ、たった1四半期で切り替えを完了させた。

あまりに劇的な転換だったので、営業戦略の急変とその実行力に取締役会が唖然としたほどだ。それまで私たちが何年もの間、慎重さを強調しながら資源を節約するのを見てきたのだから無理もない。そんな私たちが真逆の姿勢を取り、ものすごいスピードで資源を減らしていたのだった。

これは苦渋の選択でもなければ、根拠のない賭けでもなかった。数字に裏付けられた転換だったのだ。むしろ、もう1、2四半期早く始めていた可能性もある。しかし私たちはすべてのピースがはまるのを待った。それによって、大きく、より野心的な営業部隊ができ、すぐに採算が取れるようになった。

スノーフレイク社：凄腕と死に体とを見分ける

私が入社した時、スノーフレイク社は急成長の途上にあったが、1ドルの収益を上げるために、1ドルよりはるかに高い営業費とマーケティング費をかけていた。前の経営陣は矢継ぎ早に資源を投入していたが、それが成果に結び付かないのはなぜなのか、当初はよくわからなかった。販売方法がとてつもなく非効率なのだろうかと、首をかしげるような事態だ。

この現象を掘り下げてみると、グローバル営業チームには「死に体」、つまり契約を取ってこない人や、見込み顧客とのパイプラインさえ構築しない人がたくさんいることが明らかになった。会社の成長の大半は、一貫して高い営業生産性をたたき出す、少数の「凄腕」がもたらしたものだった。つまり、実行力に問題があったのだ。たとえば、同じプロダクトがニューヨークの企業には売れるのにアトランタでは売れないとしたら、プロダクト自体に問題があるわけではない。明らかに、営業活動への取り組み方が間違っていたということになる。

少数の営業担当だけが収益の大半を稼ぎ、その他大勢の「死に体」が貢献できずにいるというのは、アーリーステージの会社ではよくあることだ。原因はたいてい、見境のない採用と、標準化された効果的なセールス・イネーブルメント（訳注：営業活動を改善し、最適化するための取り組み）の欠如だ。スノーフレイク社も例に漏れず、営業部隊を性急に増やし、どんな営業担当がどの役割に最適かということを慎重に、あるいは体系的に把握せずに、空いたポジションに人を割り当てていたのだ。さらに悪いことに、新人の営業担当者に対して、生産性を上げるための最良事例を十分に教えることもしていなかった。営業担当者たちは、どうにかして自分たちで手段を見付け、魔法のように大きな数字をたたき出すよう期待されていたのだ。同じ優れたプロダクトを扱い、同等のマーケティング支援を受けていながら、前職で身に付けたスキルによって大成功する担当者がいる一方で、業績がどん底の担当者が出るのも当然だ。

会社が採用活動のほとんどを外注していたことも問題の一因だった。どんな営業組織であっても、これはやってはいけないと私は思う。営業マネジャーの必須スキルが1つあるとしたら、それは採用スキルだ。採用活動は営業管理を成功させるための要だから、社内で行わなくてはならない。優れた営業マネジャーは採用と解雇を繰り返すので、どんな人材が凄腕になりそうかを見分ける感覚が磨かれていく。また、どんな条件が満たされれば営業担当者を1人増やすことができるかを理解している。次に来る営業担当がどこへ着任し、どの地区を担当するのかについても指示を下す。人員を生産性へと変換するのは営業マネジャーの責任だから、私たちは配置に関して、営業マネジャーに従う。

採用活動の外注をやめた後、私たちは営業幹部によりよい採用方法を伝え、最良事例に関する研修内容の改善も図った。その結果、スノーフレイク社の営業生産性は全体的に大きく上向きはじめた。優秀な候補を採用し、深い水に突き落として沈むか泳げるかを見るような方法ではなく、生産性の上がる、確実で一貫した道を用意するようになったのだ。

サービスナウ社：強化のタイミングを正しくつかむ

私が入社した2011年、サービスナウ社の営業部隊は少数精鋭で抜群の生産性を上げており、担当者1人当たりの売上は加速度的に伸びていた。営業担当者は自分の成果に誇りを持っていて、活力と熱意に燃えていた。その年、ノルマを負った営業担当者の人数は年始と年末で同数。欠員補充はあったが、増員はなかった。それなのに、年の売上高は2倍近くになっており、これは明らかに営業強化のタイミングを逸している証拠だ、と私は思った。他部署でも資源は不足していたが、営業とその関連機能の強化が最も急がれた。

私たちは営業力を強化するために、人材を買い占めるがごとく、大掛かりな採用活動を始めた。そして半年もしないうちに、営業担当者の数が2倍以上に増えた。優秀な人材を短期間でこれほど確保するのは簡単ではない。前にいたEMC社からかなりの人数を引き抜いたため、少々波風も立ってしまった。

販売実績を上げる、そして予測する上で、現場に課されるノルマほど役立つものはない。ノルマとは、現場の営業担当者に割り当てられる、売上金額の目標値だ。生活のためには課されたノルマを達成しないといけないとなれば、ノルマは、担当者の努力を促す推進力となる。

サービスナウ社の例から学べるパラドクスを1つ挙げよう。不活発で低成長な会社なら、営業生産性の向上は好ましい発展と見られる。しかし高成長期には人材確保が遅れていることを意味するので、負の兆候になるのだ。私たちが入社した頃、サービスナウ社の営業生産性は高すぎた。その後、私たちが盛んに採用したので、数四半期にわたって営業生産性は横ばいになった。でも、それで構わなかった。怒濤のように増員しても、収益が劇的に伸びると共に、すぐに元が取れると考えたからだ。

まとめ

車にガソリンを入れても、エンジンが動かなければ意味がない。同様に、自社のプロダクト、市場、需要、リードジェネレーションの仕組み、そして、見込み客に顧客になってもらうための販売方法を理解していなければ、世界中の営業人材を雇ったとしても無駄になる。

営業部隊が泥沼にはまっているなら、目標の未達や進捗の遅れをただ責めていても始まらない。何が問題なのか、問いかけを重ねよう。そして把握したらすぐさま、問題を軽減するための大胆な措置を講じることだ。数値が上向くことを期待して、単に「様子見」を決め込んではいけない。怠慢には強い姿勢で対処し、妥当であれば人員を削減、または販売可能性を売上高に変えられる見込みが最も高い地域で人員を追加する、ということを行っていかなければならない。営業マネジャーの実績に基づいて、人員配置が売上高につながる地域は人を増やす。逆に状況がはっきりしない地域では増員しないこと。希望的観測に基づく行為は、営業管理とはいえない。

営業担当者に必要な資源を提供することもまた、同様に大切だ。経験豊富で生産性の高いマネジャーや同僚も、この資源に含まれる。実行可能な計画や支援も与えず、過酷で冷たい環境に放り出すようなことがあってはならない。それでは失敗をお膳立てしているようなものだ。本人が失敗するだけでなく、失敗させるリーダーというレッテルを自らが貼られることにもなる。噂が外に広まれば、採用活動は難しくなり、失速への悪循環が始まってしまう。

そんな事態は回避しなければならない。部下を成功させて、活躍を見守ろう。

第12章 急成長か、緩やかな死か

なぜ成長にこだわるのか？

マッキンゼー・アンド・カンパニー社の『Grow Fast or Die Slow』（2014年、未邦訳）は、1980年から2012年までのソフトウェア企業およびサービス企業数千社を対象に分析を行った結果、「成長は長期的な成功の原動力および予測因子として、ほかのすべてに勝る」と結論付けている。マッキンゼーが年間成長率60％以上と定義した「超成長企業」は、年間成長率20％未満の「中成長企業」に比べて投資家へのリターンが5倍高かった。また、超成長企業は、年間収益が10億ドルに達する可能性も8倍大きかった。

この調査により、新興企業を評価するにあたっては、利益率やコスト構造よりも、成長率のほうが重要であることがわかった。成長率が向上すると、収益性が同程度向上する場合に比べて、企業評価が2倍上昇する。コスト構造と成長率の間に相関関係は見られなかった。

ウォール街は、コンサルティング会社の報告書が出る前から成長の魔術を理解していた。超成長企業は、上場前であれ上場済みであれ、評価値が非常に高い。ビジネスリーダーの仕事は企業価値を高めることなのだから、リーダーは誰もが成長のことで頭がいっぱいだろうと思うかもしれない。だが、そうでもないのだ。成長は優先順位の高位に据えるべきなのに、そうしているビジネスリーダーは比較的少ない。むしろ低成長なままでいることを望む人がかなりいるように見受けられる。なぜだろうか？

2つの問題：不確実性と恐怖

主な理由の1つは、成長の重要性を正しく把握しているリーダーが少なすぎることだ。自分たちの使命はできるだけ早く収益性を上げることであり、収益性が上がれば成長はついてくる、という的外れな確信を抱いている。これは、価値創造と投資家の考え方について誤解している証拠だ。スタートアップ企業が利益を出しはじめると、投資家は「この企業はさらなる成長に向けた投資方法を知らないか、成長機会が尽きたかのどちらかだろう」と結論付ける。もっと活用すべき利益をどうして事業に還元しないのかと思うだろう。この時点では収益性など、まだ期待されない。成長とは猛烈に資源を食うものだと投資家は知っている。そのために資金を投じているのだ。

私はよく、実際の収益性と、いわゆる「本来の収益性」とは違うのだと話してきた。高成長企業では、収益性はゆがめられていることが多い。と言うのも、当該期のコストのほとんどが、将来の収益に関連したものだからだ。問うべきは、将来向けの投資を実質的に完全停止するとしたら、収益性はどうなるかということだ。本来の収益性は1顧客当たりの採算性、あるいは損益計算表の粗利ラインに左右される。売値よりもコストが高ければ、当然、その事業から利益は上がらない。次に問うべきは、規模を拡大したら経営効率は向上するかということだ。こうした点を考えることによって、事業本来の収益性について実態を把握することができるようになる。

たとえば一般管理費は、初期の段階では、収益の20％以上に達することもあるかもしれない。しかし事業が拡大すれば、収益の10％以下に落ちていくことも見込める。すべての出費が収益に比例して増えていくわけではない。その期間の収支ばかりに着目して、本来の収益性を見失ってしまうと、経済の本質から離れてしまうことがある。

一方で、私の経験から言うと、成長に関する無知よりも、成長への不安のほうが大きな問題だ。リーダーは、資源を過剰に消費してしまうことや、限られた元手をどこに投資するかという難しい選択をするのが怖くなってくる。企業が大きくなりすぎたら手に負えなくなりそうで怖い、という人もいる。または、成長しようと頑張った結果、空回りして恥をかくのを恐れる人もいる。だから慎重になる。けれども、そうやって穏当なビジネスにしがみ付こうとしたところで、その事業がいつまで続くかはわからない。ライバル企業が確実に顧客を奪いに来るからだ。

事業がうまくいかない時に、失敗を認めて諦めるのは誰でも怖い。だから会社は「営業トップが交代すれば問題が解決するかも」と考えたりするし、あるいは取締役会によって新しいCEOが迎えられたりする。けれども、すべての事業が必ずしも成功するとは限らないのが現実だ。きちんと受け止める気さえあれば、市場が送る明確なサインに気付けるはず。事業を救える可能性があるからといって、救う価値があるとは限らない。

成長が緩慢な会社は、歩く屍と化す。いっそ派手に、かつ速やかに潰れてしまったほうがいい場合がほとんどだ。早く終わりを迎えれば、少なくとも、皆が見込みのない事業に大切なお金をつぎ込むのをやめられるし、人材と資金をもっと有望な事業に再配分することができる。

シリコンバレーには、キャズムに何年もはまったままの企業がいくつもある。そういう企業のベンチャー投資家や経営陣は、いつか成功する日が来るはずだと、かなわぬ夢を見続けている。私自身、そういうベンチャー企業には数えきれないほど関わってきた。当初の私は純朴と言うべきか、業務効率に問題はないかと必ず確認していた。しかしそれは、タイタニック号のデッキチェアを並べ替えるようなものだ。根本的に針路を変えないと、船は沈み続ける。ビジネスでいえば、商業的に成り立つかどうかを真正面から問うということだ。事業が苦況を抜け、脱出速度に達するには、大幅な差別化が必要だ。現状を大きく覆し、打破する必要がある。些細な変化を提示したところで、世間の人はあくびをするだけだ。

目標を引き上げる成長モデルの構築

私はよく、ほかのCEOたちに、自分の会社の成長モデルを説明してほしいと頼む。最適な実行力をもって経営した場合、会社はどれほどのスピードで成長するのか。会社の成長を制限する、あるいは可能にする要素は何か。しかし意外なことに、ぽかんとした顔をされることが多い。「成長モデル？　どういうことが聞きたいのか、よくわからないな」。

時には、質問で返されることもある。「うちは、どれくらいの速さで成長すべきだと思う？」。はたまた「今年は成長率30％を達成しそうだけど、十分だと思う？」。他人の事業なのに、私が答えられるはずがない。答えは相対的なものだし、状況によって変わるのだ。場合によって30％の成長率で上出来といえる企業もあるだろうし、それではあまりに不十分な企業もあるだろう。だからこそ、成長モデルを持っておくことが必要なのだ。そうすれば、成長のチャンスを高めたり阻んだりする多くの要因を理解することができる。

成長の真の限界を見定めるのは不可能なことが多い。公式に数字を当てはめれば出てくるというものではなく、人間の判断と洞察力が求められる。だから私たちは、これに向き合い続けなければならない。経営幹部会議でも、取締役会でも、現行の成長モデルを構成しているさまざまな前提が正しいかどうか、徹底的に見直すべきだ。そういった種々の前提の妥当性を調べていくと、成長目標が控えめにすぎるという結論に至ることが非常に多い。迷ったら、より野心的な目標が設定できる成長モデルを推し進めよう。

たとえばデータドメイン社では、当初、控えめな成長目標を立てていた。経営陣にありがちなことだが、無理をしすぎて取締役会の信用を失うことを恐れたのだ。しかし、こういう考え方は間違っている。手を伸ばしもしないよりは、むしろ成長への期待を高く持ち、結局及ばないほうがマシだと私は思う。期待さえあればいいわけではないが、期待が行動にもたらす影響はある。以前、データドメイン社で営業のリーダーたちと翌年の成長目標について話し合った時のことだ。私は、まず彼らに目標を立ててもらうことにした。そうすれば、上から押し付けられるよりも、目標が自分事になるからだ。見積もり値について話し合う中で、私は聞いた。「その値を、たとえば25％増やすためには何が必要だろう」。すると出てくる出てくる、もっと高い数字を達成するためにすべきことは山ほどあった。だったら、それをやろうじゃないかという話だ。目標には強い力がある。行動を変えてくれるのだ。

２０１１年の初めにサービスナウ社の取締役会の面接を初めて受けた時、取締役たちは、当然ながら、会社の成長軌道に満足していた。成長速度をもっと上げられないかと尋ねると、取締役たちは、苛立ちこそしなかったものの、信じがたいといった顔で私を見た。私は侮辱したかったわけではない。成長に関する取締役会の考え方を理解しておきたかったのだ。気まずい質問かもしれないが、何度でも問うべきことだ。

「成長に資金をつぎ込みすぎて、気付いてみたら非効率な投資になっていた」ということもあるかもしれない。だが、そうなることはまれだ。むしろ、加速する成長率とますます高くなる目標に合わせて、うまく最適化していけることのほうが多い。理論はいくらでも語れるが、結局は経験して学ぶのが一番だ。私の場合、率いた会社はいずれも超成長企業だったが、今になって思えば、もっと多くの資源を、もっと積極的に、実りの多い形で投入することもできたはずだった。すべての経験から私が学んだのは、「迷ったら前のめりになって、成長の加速を追求すべきだ」ということだ。

ライバルを引き離せ

優れた会社は、急成長によってライバル企業を引き離す。かなりの差をつけて他社の成長率を上回れば、心理的にほかを圧倒することができる。ライバルを威圧し、士気を下げることができるのだ。

たとえば、データドメイン社は2007年までには、重複排除機能のあるディスクアレイと仮想テープライブラリーという、非常に競争の激しい市場をリードしていた。その頃、ディスクストレージ企業はどこも、最終顧客にプロダクトを提供するOEM（訳注：日本では他ブランドの製品を受託製造する企業をOEMと呼ぶが、英語では他社製品に自社ブランドを付けて売る側をOEMと呼ぶこともあり、こちらは後者と見られる）との関係を築こうと競い合っていた。最終顧客が、バックアップストレージのような重要なものをスタートアップ企業から調達することに不信感を持っていたからだ。当時のOEMとは、EMC、日立、IBM、ネットアップなどの企業だ。しかし、データドメイン社は違う戦略を取った。直販組織を持ったのだ。この戦略は企業向けソフトウェア業界（私たちの多くはここの出身だ）では一般的だったが、データストレージ業界では異例だった。

販売代理店はデータドメイン社のプロダクトを売りたがらないことが多かった。大手OEMからそっぽを向かれるのを恐れたからだ。現状の体制を揺るがそうとするデータドメイン社のような新参者を受け入れることで、儲けになる大手OEMとのフランチャイズ契約を危険にさらすことはしなかった。結局、私たちは販売代理店に対抗して、自分たちで直接売ることになったが、そのうちに私たちに負け続けて考えを変える販売代理店が出てきた。顧客がデータドメイン社のプロダクトを求めるようになって、提供せざるを得なくなったのだ。こうして、力関係は変わる。優れたプロダクトと、それを売る圧倒的な能力が梃子《てこ》になるというわけだ。自前の組織を持てるなら、そのほうが、第三者に販売を委託するよりも絶対にいい。自分たち以上に、自社プロダクトを売ることにこだわる人々はいないのだから。

直接販売という異例の決断によって、結果的にデータドメインが市場で優位を占めることになった。やがて付いた評価値は、最大の競争相手の15倍。ストレージ界の巨人、EMC社を打ち負かしたいという熱意は強く、私自らEMC社の本拠地に近いボストンに何度も行って見込み客に売り込んだほどだった。ニューイングランドの企業にとってEMC製品を買うことは宗教に近かったが、私たちは諦めなかった。ついには、EMC社の優秀な営業担当者を何人か引き抜きもした。彼らはデータドメイン社に負け続けることにウンザリしていたので、変化を進んで受け入れてくれたのだ。この威嚇射撃はEMC社にとって、得意先を失うことよりもなお、士気をくじくものだった。超大手に挑む時は、少しけんか腰なくらいがいい。

EMC社もデータドメイン社の成長を阻もうと、できる限りの手を打ってきた。私たちがEMC社に対してしたように、こちらの顧客に売り込みをかけることもその1つだ。だが、どれも無駄に終わった――私たちの成長の勢いが、すでに強すぎたのだ。結局、EMC社はデータドメイン社に対して、敵対的買収を仕掛けるところまで追い詰められた。

大きくなっても成長を続ける

小さなスタートアップ企業が成長するのは大変なことだが、規模が大きくなった後に成長し続けるのは、もっと難しいといえる。事業がある程度の規模に達すれば、人は自然と成長の鈍りを予測するものだ。しかし、だからといって、そういう思い込みに屈するのは待ってほしい。重力の法則と違って、収益が増えるに従って成長の勢いが鈍化するという法則は存在しない。成長の限界を決めるのは、獲得可能な市場の大きさだ。市場に十分に受け入れられ、飽和状態になりはじめると、成長のペースは落ちる傾向にある。

成長の勢いを維持しようと、二番手の製品やサービス——最初に売れたものの続編的な位置付け——に大幅な投資をする会社は多い。しかし大半は、次なるイノベーションを起こせない。最初にひょっこり優れたプロダクトができたことで、簡単に再現できると思ってしまうのかもしれない。最初の成功は、さまざまな要因が重なり合って生まれた面が大きいということを認めるには、知的廉直と謙虚さが必要だ。一度金脈を掘り当てたからといって、自由自在に見付ける方法を会得したことにはならない。

より高確率で大きく成長するには、確かな強みを活かし、最初の製品やサービスを隣接市場に適応させていくことだ。ただし、必要がない場合は手を広げすぎないこと。自社の販売能力を拡大しながら、同時に獲得可能な市場を広げていけばいい――また金脈を当てなければ、と考える必要はないのだ。サービスナウ社は私が入社した時にはすでに超成長企業だったが、主力プロダクトについて提供の幅を広げる余地がまだまだあったので、この方法で成長を継続させていった。

サービスナウはITオペレーション向けに設計されていたが、こうしたサービス管理プラットフォームが人事系の部署でも重宝されるらしい、という噂は当初から聞いていた。私たちは人事用語も知らなかったし、まして人事のプロたちに売り込む方法などわからなかった。でも、これが大きな市場になるかもしれないという兆しを見て取ると、人事分野に乗り出した。人事の経験がある営業担当者を新たに雇い、用語も変えた。たとえば、ITの人々が「インシデント」と呼ぶものを、人事の人々は「ケース」と呼ぶのだ。こういった小さな変更は、プロダクト設計から、セールス、マーケティング、サービスに至るまで、すべてのレベルで比較的簡単にできた。私たちは人事向けの事業ユニットを別に作って、別々の指標を追えるようにした。このユニットは輝かしい業績を収め、今もそうあり続けている。

これで弾みがついた私たちは、人事分野での経験をロールモデルとして、サービスナウのプラットフォームを、さらに6つの新しい業務分野に展開した。こうして追加したものののうち、いくつかは失敗するだろうと踏んでいたが、すべて成功だった。営業する時は、これらすべてを売り込みの材料とし、「選《よ》り取り見取りのゴルフクラブ」と呼んだ。

私が参入を渋ったのはカスタマーサポートで、これは、当時の私たちとはだいぶかけ離れた分野だった。そもそもカスタマーサービスは社内のＩＴサポートと違って消費者主体で、やり取りの量もかなり多い。しかし、社内ではすでにサービスナウを自社の顧客支援に活用しており、うまくいっていたという事実から、試してみる価値があるということになった。私は当初乗り気でなかったが、リーダー陣のうち数人が強く推したので折れたのだ。実際、彼らが正しかった。私たちはデジタルの、エンドツーエンドでカスタマーサービスを管理できるモデルを構築し、「グローバルビジネスサービス」と名付けた。

こうして手掛けたさまざまな事業はすべて、元々のプロダクトから派生したものだ。そのすべてが、会社の大幅な規模拡大と時価総額の急騰につながった。収益10億ドルに達するまでには12年かかったのに、その後たった2年で20億ドルに到達したのだ。ウォーレン・バフェットが言うところの「雪だるま効果」だ——規模は規模を呼ぶ。収益が１００億ドルある場合、たった10％成長する方法が見いだせれば、年に10億ドルがさらに手に入るということになる。

成長コストの削減

私が2019年に入社したスノーフレイク社も、収益が前年比2倍どころか3倍に迫る超成長企業だった。同社のプロダクトが、それを必要としている市場にとって非常に魅力的だったということだ。不十分で時代遅れのプラットフォームによって、需要は行き場を失っていたし、私たちが顧客の成果を劇的に改善できるということを証明するのは簡単だった。基本的に営業担当は「お試しください。きっと気に入りますよ」と言えばよかった。膨大な需要と魅力的なプロダクトが組み合わさって、私たちにとって完璧な成長の追い風となっていた。

この場合、成長における課題は、この猛烈な勢いを大きな規模で持続させることだった。会社は大いに資源を投じていたが、営業費とマーケティング費が収益の100%を超えていた。収益性よりも成長を優先すべきだというのは前述したとおりだが、1ドル生み出すのに1ドル以上のコストがかかるようでは、事業として成り立たない。これは、それまでのスノーフレイク社の認識に反して、成長すれば自然になくなる問題ではなかった。私たちは方針を改め、資源の配分を正し、この著しい成長を収益性のあるものにしていくことに集中した。

まず、会社の報酬体系と財務規律との両立を図らなければならなかった。これには秩序に基づいた対応が必要で、たとえば、営業部門に自分たちの報酬体系を決めさせてはならない。それでは「狐に鶏小屋の番をさせる」状態になってしまう。報酬体系は、収益に従って厳密に組まなければならないし、それによってあらゆるレベルのパフォーマンスにどのような影響が出るか、注視する必要もある。報奨金も、営業担当者の源泉徴収票だけでなく会社の目的とマッチするものでなければならない。当時のスノーフレイク社は複数年契約の締結を許可していなかったので、これもほぼ即座に変更した。こうした状況のために、顧客が必要としている以上の契約を結ばされることがよくあったのだ。顧客としては、名目上の費用を翌年に繰り越せるオプションがあるので不満はない。しかし、これによって会社は割引を増やすことになり、顧客が作業容量を持ち続けるためにその後の期間の収益が損なわれた。

また、契約と利用量のバランスも見る必要があった。当時、営業担当者が気にするのは契約額ばかりだった。それに基づいて報酬が支払われていたからだ。一方で、会社は収益につながる利用量だけを見ていた。この状況にバランスをもたらすことで、販売コストが収益に見合うようになった。

営業報酬について、財務的な監督・規律をしっかりと用いることの重要性は、いくら強調してても足りない。いずれあなたも、もっと気前のいい報酬体系を用意してトップクラスの営業人材を確保し、つなぎ留めておきたいという誘惑に駆られることもあるかもしれない。けれども、財政面での厳格さを置き去りにしてしまうことは致命的だ。毎年の計画時だけでなく、日々の取引1件1件においても気を付けなければならない。

第13章 拡大期も鋭気を忘れずに

拡大期のパラドクス

リーダーがはまりやすい落とし穴として、会社が成長し発展していく自然なライフサイクルに順応できない、ということがある。社員500人規模の成熟した会社を、社員10人のスタートアップ企業と同じように経営しようとしたら、失敗するのはほぼ確実だ。しかし逆説的ながら、10人のスタートアップだった頃の鋭気を失ってしまうと、成熟した会社の潜在能力を十分に引き出すことは難しい。

ここでは企業の発展段階を3つに分け、それぞれの段階で求められるリーダーシップについて見ていこう。

萌芽期の企業

生まれたてのスタートアップ企業では、アイデアの実現可能性を見るためにシード資金が調達され、その後、最初のプロダクトを作り上げるために資金がさらに投入される。チームはたいてい小さく、結束が強くて、プロダクト第1号を生み出すことにとんでもなく集中している。10人前後、多くはその半分程度といったごく少人数のこうした創業チームが多大な成果を上げるのには、いつも驚かされる。これほどの生産性を発揮できる時期は二度とない。

この時期のCEOには、技術やオペレーションなどの主要機能を担うリーダーが兼任で就く場合がほとんどだ。全員が働き手で、管理職はいない。リーダーシップに対する需要がまだ大きくないので、ベンチャーキャピタルのパートナーなど、外部の人間に掛け持ちでCEOを任せている場合も珍しくない。たとえば、データドメイン社の主要な創業者カイ・リー博士は、プロダクト開発期のリーダーだったが、CEOという肩書きを名乗ることすらしていない。彼をサポートしたのは、ベンチャーキャピタルNEA社とグレイロック社のリード投資家たちだった。そして創業から18カ月たって初めて、データドメイン社の初代CEOとして私が迎えられた。

形成期の企業

市場で試せるプロダクトができたら、会社は形成期に入る。ついに見込み客とつながり、プロダクトを見てもらい、触ってもらい、実感してもらえる時期だ。貴重なフィードバックを得て、価格やサポートのモデルを試すことができる。この段階の目標は、プロダクトが実際に売れるものなのか、それとも、無用の長物にすぎない技術なのかを見分けることだ。

リーダーシップの課題は大きくなっている。価格決定、ポジショニング、販売、宣伝などについて重要な決断をしていかなくてはならない。従業員が増えはじめ、人事上の課題も出てくる。人手がぐっと増えるにつれて、キャッシュはどんどん飛んでいき、多くの場合は急激に減りすぎる。営業の強化に関する章で述べたとおり、1人の生産性を上げる方法がわからないうちは、10人雇っても無意味だ。しかしながら、ここ5年ほどはスタートアップ企業に潤沢な資金投資がなされていて、取締役や投資家に促される形で、支出に対する抑制が利かなくなってしまっている。

形成期は不安定で、経営の専門家によって多くの研究分析が行われている。特に、前述したコンサルタントのジェフリー・ムーアは１９９１年に「キャズムを越える」という言葉を生み出し、形成期にあるスタートアップ企業特有の課題や活動を説明した。数多くの企業がアーリーアダプターを引き付けるところまで成功し、より大きな市場を狙えるだけの資金を手にする。しかし、狭いニッチな客層にアピールすることから、広く安定した顧客基盤の構築へとつなげていけず、溝《キャズム》にはまり込んでしまうのだ。

忘れてはならないのは、どんな市場であっても、力ずくは通用しないということだ。出だしの時点で市場の反応がパッとしないのであれば、振り出しに戻って、フィードバックを分析し、次の手を考えなくてはならない。キャズムを越えるために支出を2倍、3倍に増やそうとすれば惨事を招く。

うまくキャズムを越え、「営業とマーケティングを拡大すれば、普及率が跳ね上がるくらいの新規顧客が獲得できる」という確信が持てた時こそ、支出を大幅に増やすべきタイミングだ。皮肉なことに、形成期に資金を使いすぎて、本当に必要な次の段階で金欠になっているスタートアップ企業が非常に多い。ここぞというタイミングが来たら、文字どおり顧客があなたの手からプロダクトをむしり取るように買っていくからすぐわかる。需要に圧倒されるように感じたら、次のステージを見据えて心の準備をしよう。

拡大期の企業

事業の拡大とは、再現可能で効率のいいプロセスと、その実行モデルを構築して、成長を最大化することだ。この頃には、基本的なことを学ぶ段階は過ぎている。大人とまではいかなくても、青年期くらいには無事到達したわけで、それにふさわしい行動を取ることが求められる。

プロダクトを改良する形成期が何年も続いてから、やっと大きな市場を引き付けられるようになる会社もある。データドメイン社がそうだった。でも、拡大の準備に十分な時間をかけたからこそ、経営陣が団結し、カルチャーを確立した上で、成長に拍車を掛けるべく大幅な資源投入へと大転換を図ることができた。

一方で、成長速度がキャズムにほとんど影響されない会社もある。サービスナウ社やスノーフレイク社がその例だ。プロダクトがそれぞれの市場にピッタリと合っていたので、ほぼ最初から急速に受け入れられていた。しかし両社とも拡大期に入る準備ができていなかったことからすると、速すぎたのかもしれない。サービスナウ社もスノーフレイク社も最初は変化を遂げるのに苦労した。

私が入社した時、サービスナウ社はキャズムをすでに越えて持続可能な段階に入ったことが明白だったのに、まだ資源を節約していた。現金収支は黒字で、事業から得た多額のキャッシュが積み上がっていた。しかし、会社は主要な部署に十分な財源を回さず、自分の首を絞めている状態だった。営業の章で触れたように、売上がほぼ2倍になっているのに、ノルマを課した営業担当者の数を年内にまったく変えなかったくらいだ。まるで、会社が拡大期に入ることを拒んでいるかのようだった。

同様にスノーフレイク社も、目もくらむような成長ぶりとプロダクトの受け入れられ方から考えて、私が入社した時にはすでに形成期を終えていることは明らかだったのに、いまだにキャズムを乗り切ろうと奮闘中の企業のように振る舞っていた。支出は過剰で場当たり的。年間2億ドルもが経費として消えているのに、いまだ車2台に分乗できる小企業よろしく、レイクタホへの社員スキー旅行に喜んで資金を出していた。業務効率もキャッシュ効率も散々で、事業規模を拡大するための、経営上の見通しというものもなかった。

時に、形成期の魅力にとりつかれ、リーダーたちが先に進みたがらないことがある。最初の頃のロマンや興奮は手放しがたいものだ。大学卒業後も実社会の責任に向き合わず、のどかなキャンパスでぶらぶらしていたいという気持ちに似ている。

私自身、必要な資源を追加するのに時間をかけすぎたという罪悪感を持っている。データドメイン社では、ランレートが5000万ドルに達するまで、CFOを雇うことなく私が率いていた。当時私は上級幹部を雇うことには慎重で、仕事を監督する人員よりも、実際に仕事をする下位の人員を確保することを好んでいた。これは明らかなミスで、マイク・スカペリを初代ＣＦＯとして迎えた時に、そのことに気付いた。一流の財務責任者がどれほどの価値をもたらすものか、それまで理解していなかったのだ！　後に私はサービスナウ社に行く時も、スノーフレイク社に行く時も、マイクをＣＦＯ（そして信頼できる私のパートナー）として伴った。

初期の力強さを持ち続ける

こうした発展段階は、それぞれで運営方法がかなり変わるので、違いを意識しておくと役に立つ。多くのリーダーが失敗するのは、ギアチェンジしないといけなくなった後も、昔のやり方に固執するからだ。ＣＥＯと取締役会は、リーダー陣が前の発展段階から抜け出せていないことを示す危険信号が出ていないかどうか、注意を払っておく必要がある。

萌芽期にあるスタートアップ企業は手探りで、野生動物のように本能と反射神経が必要だ。私がこの段階で人を雇う時は、ビジネスへの崇高な、あるいは抽象的なアプローチを持っているかどうかでなく、直接的な影響をもたらせるかどうかで決める。ただ、萌芽期の環境で仕事をこなすのが得意な人は、成熟した会社では苦戦するかもしれない。直感的で反射的な決断がすぐにできないような制度や会議がたくさんあるからだ。

逆に、これまで数十億ドル規模の安定した企業でしか働いたことのない人を、キャズムを越えようと頑張っているスタートアップ企業に連れてくると、壮大なミスマッチが起こる。まるで別の惑星に移すようなものだ。たとえばある時、私はサービスナウ社で、大きな会社から来た経歴のすばらしい幹部を雇った。ところが、彼はひたすらに自分の部署のスタッフを大幅増員したがり、巨大プログラムを立ち上げようとし続けた。いずれも、会社の当時の発展段階には不適切だったたし、その余裕もまったくなかった。

人は皆、多かれ少なかれ過去にとらわれている。個人のさまざまな経験が組み合わさってできた判断基準を、新しい役職に持ち込んでしまう。けれども最も価値あるリーダーは、スタートアップ企業のリーダーが持つ鋭気と、大企業で必要とされる組織的・外交的規律とを兼ね備えている。必要に応じてスケールアップもスケールダウンもできる。そして、いざという時には自分の経験を度外視し、第一原理を当てはめて、基本に立ち返って状況分析できるものだ。

大半の会社は、大きくなるにつれて初期の鋭気を失ってしまう。獲物を狩るトラのような日、会社を成功へと導く一番の原動力に徹底的に集中する本能がなくなってしまうのだ。組織に階層が増え、プロダクトを作りも売りもしないスタッフが増えるにつれて、会社のミッションとはかけ離れた問題に、時間を浪費しがちになる。戦略家は多すぎるのに、手を動かす人は足りない。気を散らすものが増えて目移りするあまり、顧客が見えなくなってしまう会社さえある。

リーダーの使命は、初期の力強さを持ち続け、大企業特有の無気力状態を回避するにはどうすればよいのかを考えることだ。私はテクニックの1つとして、こんな質問を主要な従業員に投げかける。「年内に、何かあと1つだけできるとしたら、それは何かな。そして、なぜそう考える?」。こう聞く理由は、会社が大きくなればそれだけ、同時に進める物事の数が増えるからだ。従業員は自分でも気付かないうちに動きが遅くなり、集中力も失ってしまう。優先事項を絞って回復に努めていこう。

同じように私は、「急いで実行すべきなのに、何かしらの理由でやっていないことを1つ挙げるなら?」とチームに聞くことがある。これは、日々の活動に没頭しすぎて、木を見て森を見ずになることを避けるためだ。すべきなのにやっていないことを、いつでも神経質なまでに意識しよう。逆に、今していることの中で、実は価値がほとんどなく、もっと大切なことに割くべき時間や資源を奪っているものは何かということも、考えてみてほしい。

たとえば、パンデミックが始まった頃、多くの企業が不必要な出張を中止すると宣言した。そういった会社は、どうして地球規模の危機が起きるまで、活動を吟味せず、重要な影響を及ぼさない活動を見極めなかったのだろう？　鋭気を失っていない会社なら、どんな事業規模であろうと、あらゆる不要な活動は必ず廃止にしているはずだ。

第6部

Transform Your Strategy

戦略を転換する

第14章 機会を形に――データドメイン社成長物語

ここまでは主に実行、特にミッションにしっかりと焦点を絞る方法について述べてきた。だからといって、戦略が重要な役割を果たさないというわけではない。続く3つの章では、データドメイン社、サービスナウ社、スノーフレイク社で戦略の転換がどのように行われたのか、見ていこう。

データドメイン社で得た戦略の教訓

データドメイン社での日々は、戦略について勉強になることが多かった。そうして学んだことは、続くサービスナウ社やスノーフレイク社での仕事に大きく活きている。

データドメイン社は２００１年に創業されたデータストレージ企業で、企業向けに、中間処理なしで冗長なデータセグメントをフィルタリングできる装置を提供していた。それまで普及していたテープライブラリーやオートメーションシステムと比べて、これはデータのバックアップやリカバリーなどにおける効率・スピードが段違いだった。データドメインなら、以前は1個しか保存できなかったストレージスペースに50個のフルバックアップが可能だったのだ。

テープ技術の登場は、コンピュータの黎明期にさかのぼる。テープドライブはディスクドライブに比べて安価で、テープをドライブから取り出し、遠隔地に送って保管し、後でリカバリーする時に取り寄せられるという利点があった。何十年もの間、データセキュリティー産業は、テープやドライブ、ローダ、ライブラリーのストレージを作る企業や、オートメーション、物流、発送、テープの保管を担う企業で構成されていた。

そこへ小さなデータドメイン社が「テープは最悪！　前進せよ！」と鬨《とき》の声を上げ、業界の生態系を壊すべく挑みかかった。人々は私たちの生意気なスローガンを笑ったが、厚かましいスタートアップ企業こと私たちは、おおよそ成功したといえる。次を読んでもらえれば、理由がわかると思う。

学びその1：強みではなく、弱みをたたけ

人気のある既存品を追い落とすのは難しいが、私たちの場合、テープオートメーションシステムを気に入っている人は誰もいなかった。こうしたシステムの管理を仕事にしているIT職の人たちは、誰もが嫌がる仕事をさせられている状態で、会社の中でも地位が低かった。そんな仕事を好きになれるわけもない。リカバリーしようとすれば、該当のテープがない、テープを間違える、テープのロードが失敗、テープが読めない、といったことが大半だった。データストレージの見本市に行くと、「テープは最悪」という私たちの車用ステッカーがテープライブラリー装置にペタペタと貼られていたものだ。

学びその2：コストで優位に立つか、他社のコスト優位性を無効にせよ

企業が高額の購入決定をする場合、ＩＴ部門がそのプロダクトを他社製と比べてどう思うかといったことは、普通は考慮されない。経済的かどうかが第一だ。

機械式ディスクの利便性は誰もが知っていた。高速で、信頼性が高く、使いやすい。だが残念なことに高価だった。当時、一番安いディスクアレイと比較してもテープは10分の1程度という、コスト面でどうしても乗り越えられない優位性があった。しかしその後、データドメイン社が、非常に効率の高い内蔵型のインライン重複排除機能で、この鉄壁にひびを入れることとなった。テープオートメーションシステムは通常、顧客がわずかな変更しか加えていなくても、毎日同じデータをバックアップする。データドメインであれば、最初のバックアップ分は、たとえば70％程度に圧縮される程度だが、２回目のバックアップでは、数パーセントポイントばかりしかストレージ占有領域が増加しない。前日にバックアップしたデータと新しいデータとの差分だけが保存されるからだ。以降、日々のバックアップで同じことが行われ、その日に変わった分だけ、ごくわずかにストレージ占有領域が増加する。データドメイン社が他社に先駆けて開発した重複排除技術によって、データのバックアップやリカバリーの勢力図がすっかり塗り替わることになった理由はここに

ある。

ディスクが大幅にデータの圧縮・重複を排除できたことで、テープのコスト優位性は消失し、顧客がテープを選ぶ唯一の理由もなくなった。

学びその3：新たな市場を作るより、既存市場を攻めるほうが易しい

何もないところから、いわゆる新しい分野を創造するというのは、カクテルパーティーでマーケターが好んで話すテーマだ。けれども、実際にはそれほど頻繁には起こらない（アップルは多くの場合に例外で、ｉＰｏｄやｉＰａｄのようなイノベーションで新分野を形作っている）。まったく新しい市場が現れるとしたら、それはたいてい一企業だけのイノベーションによるものではなく、業界全体のさまざまな要因や状況が合わさった結果であることが多い。

データドメイン社にとっての機会は明確だった。年に数十億ドルが動く、テープオートメーション市場全体だ。見込み顧客は私たちの競合他社とすでに関係を築いていたが、少なくとも私たちは、そうした企業の中で誰がデータストレージに関する決定権を持ってい

て、どのくらい支出しているかを正確に把握していた。つまり、営業担当者がどの扉をたたくべきかは明確で、しかもその人々が私たちの話を理解してくれることは確実だった。簡単に説得することはできないにしても、もたらされ得る利点について、公平に検討してくれるだけの十分な知識が相手にはあった。

私たちはこの新しいストレージ分野に自ら名付けようとした。だが、新興市場を先導していたにもかかわらず、市場は新しい分野を定義しようという私たちの試みを無視し、別の方向へと進んでいった。ディスクへの移行が急速に進む中、最先端であり続けるために、私たちは必死で走らなければならなかった。やがて、私たちは市場で支配的な地位を占めるようになり、すでに主流となっていた名前を採用したのだった。

学びその4：アーリーアダプターの買い方は、レイトアダプターとは違う

すでに確立している市場のマイナス面は、何十年も前からあるおなじみの様式に新しいやり方で挑むがために、摩擦が生じることだ。どんな分野であれ、年配の保守的な専門家たちは、新技術が雇用の安定や生計を脅かすのではないかと恐れることがある。その一方

で、より先進的な考えを持つ専門家たち（年齢も若いことが多い）は、飛躍的なイノベーションに心を躍らせ、試してみたくて待ちきれなくなる。これがアーリーアダプターとレイトアダプターの違いで、ジェフリー・ムーアの名著『キャズム』でも見事に説明されている。両方のグループに同じ方法で売ろうとしても、失敗する可能性が極めて高い。

まずはアーリーアダプターに狙いを定めることが戦略として重要だ。アーリーアダプター（や、その会社）は、刺激的でありながら実績のない技術を、リスクを取って試すことに比較的慣れている。鋭い目で新技術を評価するし、もっといいものを使って、自分たちがどのくらい最先端なのかを仲間に見せつけたいと思っている。

レイトアダプターは、分布曲線でいうとより多くの部分を占めていて、コストだけでなくリスクを最小化することに動機を見いだす。誰より先にカッコいい新技術を使いたい、といった気持ちはまったくない。溝《キャズム》を越えるには、アーリーアダプターを満足させ、上陸拠点を築くことだ。レイトアダプターはそうした先例を見て安心する。あなたは、自分たちが提供する新しいソリューションは安全かつコスト効率がいい、という異の唱えようのない事例を作らなければならない。そうして初めて、さらに大きな市場が視野に入ってくる。

学びその5：最初は地元を離れるな

地元で商品が売れないなら、遠くで売ろうとしても失敗するのは目に見えている。初期の顧客とは距離が近ければ近いほど、交流して役に立つフィードバックを集めやすくなる。また、近くにいる顧客には資源や意識を集中させやすい。シリコンバレーの企業が地元近くでローンチする傾向が強いのは偶然ではないのだ。地元のテック企業の人々は、同じような精神を持つテクノロジーに精通した典型的なアーリーアダプターたちだ。人脈もあって、ほかの企業で働く友人知人とよく話す傾向もある。

データドメイン社は、まず北カリフォルニアで約50の顧客企業と腰を据えて中心的な関係を築き、その後で初めて、離れた地域に手を広げた。私たちが売っていたのは物理的なディスクアレイで、顧客のデータセンターに並べて設定しなければならなかったので、会社から半径50マイル以内の地域に留まるのがいいと考えた。車のトランクにユニットを積んで、すぐに顧客の元へ行くことができるし、ユニット交換やディスクの取り換えが必要になったら、いつでも急いで戻ってくることができたからだ。

初めから全国、あるいは世界規模で売ろうとしている企業は、範囲が広すぎて手薄になり、オペレーションに深刻なしわ寄せが行ってしまうことがよくある。

学びその6：できるだけ早く、完全なプロダクトを構築するか、問題を完全に解決せよ

部分的なソリューションしか提供できず、顧客が残りのソリューションをほかで探さなければならないとしたら、それはライバル企業が入り込めるように、隙間を開けているのと同じことだ。他社の製品に置き換えられないように、完璧なソリューションを提供するようにしよう。

データドメイン社が機会を形にするためには、大小の顧客規模に合わせて、プロダクトを運用的にも経済的にも変更する必要があった。最初の何年かはうまくいかなかったが、できるだけ早く完璧なソリューションを提供すべく一心不乱に集中することが、私たちの戦略だった。データドメイン社のディスクアレイはファイルストレージシステムとして構築されており、ほかの企業で売られているバックアップソフトウェアで作動させるのは難しかった。しかし、皆がテープにバックアップしていたので、バックアップソフトウェアもテープオートメーションシステムには完全に対応していた。

テープを使うという発想はあまりに根強く、仮想テープライブラリーとして知られるテープライブラリーを模したディスクアレイを構築した会社もあった。バックアップソフ

トウェアはテープ、あるいはテープを模したディスクは扱えたが、そうでない単なるディスクは扱えなかった。しかも、火災や洪水などの災害に備えて別の場所に保管するバックアップテープを作成することを、顧客の多くが依然として望んでいた。習慣は、すぐにはなくならないものだ。データの破損であればローカルのバックアップから復元できるが、データセンター全体が一掃されるような災害が起これば、バックアップシステムも破壊されてしまう。そこで人々は二段階の手順でバックアップを行った。24時間ごとにバックアップを取り、それをすぐさま、安全な遠隔地へ移すのだ。

そんな中データドメイン社が他社に先駆けて提唱したのが、二段階の手順を結合したソリューション——ネットワーク複製だ。その場でバックアップ（即時復旧に最適）したものがコピーされ、ネットワークを通じて、別のデータセンターに移される（災害時のリカバリー用）。このプロセスでは、データドメインの重複排除の効率性がことさら有利に働いた。ネットワークでは1度に少量のデータしか送れないからだ。前日のバックアップから新しく追加されたり変更されたりしたデータセグメントのみを移動させることで、私たちは問題を完全に解決し、ライバルに隙を与えなかった。限られたプロダクトで始まったデータドメイン社だったが、体系的に隙間や穴をふさぐことで、追撃を許さない会社になった。

学びその7：正しい実現技術に賭けろ

データドメインには、とても大きな利点が1つあった。まったく白紙の状態から作られたおかげで、意図したとおりのことができたということだ。私たちはバックアップやリカバリーよりも、ストレージに力を入れたかった。ストレージこそが核となる技術で、バックアップやリカバリーはその活用手段にすぎないから、顧客にとってそれが魅力になると考えたのだ。

私たちは戦略上、価格の面でも性能の面でも急速に発展し続けていたインテル製マイクロプロセッサーに依存していた。それとは対照的に、電子機械装置であるディスクは、性能面での進歩がゆっくりだった。ディスクの性能向上だけを頼りに競争しようとすれば、性能面で負け戦になることは目に見えている。しかし、インテルのCPUは数年間で急速に進化したため、最終的にデータドメイン社は、他社が生データや複製データなどを転送するよりも速い速度で、重複排除したデータを転送できるようになった。

もう1つ、賭けてよかったことがある。過渡期の技術だとわかっていたので、仮想テープライブラリーVTLのインターフェースは構築したくなかったのだが、それでも会社としてVTLも提供したことだ。顧客が最終的にはこうしたインターフェースを利用しなくなるのは明らかだったが、VTLを提供しているライバルたちに対抗する必要があった。

学びその8：アーキテクチャがすべて

かなり技術的な内容になるかもしれないが、私たちの会社で何度も目にしてきたことだ。プロダクトの理想的なアーキテクチャについては、ローンチ前によくよく考えよう。

データドメイン社は、重複排除のプロセスを「インライン」で実施した。これは、データをディスクに書き込む前に、重複したセグメントがシステム的に選別されるというものだ。高速で行うのは驚くほど難しかったが、最終的にこれが会社の切り札になった。競合他社はどこも、後工程として重複を排除していた。まずは生データをディスクにコピーする。そこから2番目のプロセスとして冗長部分を排除する。複雑で余分なコストがかかる上に、バックアップのサイクルが再開するまでにはたった1日、24時間しかない。データ量が飛躍的に増加すれば、この二段階を1日で終えられなくなる時が早々に来そうだった。

データドメイン社のシステムでは、データをすでに重複排除された状態でディスクに送るだけではなく、最初のバックアップがまだ進行している間に、遠隔地でその複製も始まる。私たちのソフトウェアが持つアーキテクチャのいいところは、２つのことを同時進行できるところだった。この魅力を売り込むため、私たちが思い付いたマーケティング用キャッチコピーは「列《ゲット》に加わろう《インライン》」だ。

学びその９：戦略転換の準備は早めに

市場を制するだけでは不十分だ。事業が軌道に乗ったら、それをどうやって維持すればいいだろうか？　次に取るべき行動は？　獲得可能な市場を拡大する方法は？　そもそも、行き詰まる前に、戦略転換の必要性に気付けるだろうか？

現状の事業計画を実行しながら、その後の戦略転換について構想を練ることには、どこか気まずい矛盾を感じるものだ。あなたが最高を超えようと猛進するＣＥＯなら、私がデータドメイン社でそうだったように、いったん頭を上げて、成長を維持するために新しく獲得可能な市場を見付けるなど、長期的なことを考えるのは難しく思えるだろう。まるでスピードを上げて走る機関車の前に新しい線路を敷こうとするようなものだ。減速するのはあまりにも難しい。

プロダクトを構築し、顧客に売り、競合他社を撃退し、と目の回る忙しさだった一方で、私は会社の将来について慢性的な不安を抱えるようになっていた。それなのに、目の前の勝負にばかりこだわって、ヘマをするまいと必死になってしまった。ところが、集中さえしていればいいという状況ではなかったのだ。会社が大胆な予想を超えて成功することができたその市場は「海に接していない」、つまり簡単にアクセスできる隣接市場がなかった。そして私たちは、ネットワーク複製と災害復旧という、手を伸ばせる範囲にはすでに進出を終えていた。

私たちには、バックアップソフトウェア分野に踏み入ることが必要だった。それこそがディスクアレイを動かしていたからだ。バックアップソフトウェアをディスクやネットワークの構築に持ち込み、ディスクアレイと緊密に統合すれば、さらなる革新の機会がもたらされる。この方法なら、キャッシュ不足に陥るまでの期間を2倍、3倍にできると想像した。そこでバックアップソフトウェアを手に入れる選択肢を探ったが、適切な方法は見付からなかった。バックアップソフトウェアの各企業も私たちの市場に入り込もうと、同じようにこちらに来て機会を狙っていたのだ。しかも私たちより規模が大きく、資本も充実していた。

そこで私たちが模索した別の道が、プライマリーデータストレージ市場への参入だ。データ保護や災害復旧に取り組むには、バックアップソフトウェアを使う以外にも方法があったのだ。ネットアップ社などは、スナップショットといわれるソリューションをすでに販売していた。これは、データボリュームのイメージを撮ってバックアップコピーとして使うものだった。

データドメイン社は主力事業の実行を首尾よく進め、世界中の大規模なデータストレージ企業に行く手を阻まれそうになるたび、撃退していた。他社と差を広げることには力を注いでいたのだが、それと比べて、私はより大きな戦略的背景に目を向けることはできていなかった。市場が急速に発展するにつれ、既存企業も技術の移行に対応し、テープライブラリーやディスクアレイの製造企業がことごとく競争に参戦してきた。そして、どこも自分たちのプロダクト、技術、地位を武器として、私たちに対抗してきたのだった。

データドメイン物語の結末

主力市場を超えて拡大すべきだという考えには至っていたものの、結局実行することはできなかった。データドメイン社は２００９年に、ネットアップ社との買収合戦を繰り広げたＥＭＣ社に買収された。ＥＭＣ社には、すでに自社のバックアップソフトウェアがあったし、世界最大級のデータストレージ企業でもあることから、有力な売却先だった。データドメインはその後、ＥＭＣ傘下に入ることで得た資源を活かし、大きく展開していったので、私たちの考えが正しかったことも証明された。現在データドメインは、デル・テクノロジーズの一部として、数十億ドル規模の事業となっている。

データドメイン社は成功したとは言え、戦略の転換ができなかったことについて、私はずっと悩んできた。視野の設定、拡大の方法、キャッシュの残存状況などにおいて、私たちが直面してきた課題は、今も頭から離れない。リーダーに就任したら、あなたも初日から、こうした課題について判断する時間を作らなくてはならない。急ぎの仕事が落ち着くのを待っていてはダメだ。

サービスナウ社についていうと、当時の業績よりもずっと大きな機会が見込めなければ、私が合流することはなかっただろう。次章ではそんな話をしたいと思う。

第15章 間口を広げろ——サービスナウ社拡大物語

サービスナウ社との出会い

私はデータドメイン社での経験を経て、自分たちが直面した戦略上の課題を思い返し、代わりにどんなことができただろう、何をすべきだっただろうと、ずっと考えていた。EMC社への売却は、経済的な基準から見ればすばらしい結果だが、1人のCEOとしては、会社が売られると、ミッションが頓挫したような気持ちにならざるを得ない（私が会社を売却したのは、後にも先にもこれきりだ）。

こうした経験はすべて、私のサービスナウ社に対する見方に反映された。CEOとなるための面接を受けはじめたのは2011年の初め。2004年の設立以来、サービスナウ社は創業者で初代ＣＥＯであるフレッド・ラディの下でかなりの成長を記録してきていた。元手をわずかに減らしたのみで、キャッシュフローはプラス、年間ベースでほぼ倍増していた。

創業者と初期からいる従業員の多くは、サンディエゴを拠点として飛ぶ鳥を落とす勢いだったペレグリン・システムズ社の出身で、その会社もＩＴサービス管理ソフトウェアで利益を上げていた。ソフトウェア企業には珍しいことに同社は２００３年に破産したのだが、その灰の中から不死鳥がよみがえるかのごとく、サービスナウ社は生まれた。そして、前時代的な、インストールが基本だった既存のサービス管理ソフトウェアを、大きく改善していた。

最初、私はサービス管理ソフトウェアについてあまり知識がなかった。もっと一般的には「ヘルプデスク管理ソフトウェア」とか「チケットシステム」と呼ばれていて、ユーザーがリクエストやインシデントを記録するたびに、システムが追跡用のＩＤをバーチャルのチケットとして発行する。私はこの分野にさほど熱心に注目しておらず、ソフトウェア業界のアナリストや専門家もそうだった。地味で退屈な分野だと考えられていたのだ。あるアナリストはこの分野を「最後の闘い」と表現した。間もなく完全に存在しなくなるという意味だ。ところが、よく見ると私の興味をかき立てる要素が４つあった。

急成長株の見極め方

まず驚いたのは、サービスナウ社の成長率が2011年時点で並外れていたことだ。企業が毎年のようにこれほど大きな利益を獲得できるということは、何か珍しい、特別なことが起きているからに違いなかった。

2つ目は、この市場の既存企業であるHP社やBMC社が、顧客に人気がなかったことだ。そうした企業のプロダクトは古く、アーキテクチャに欠点があり、複雑で、サポートが難しかった。前章の学びを1つ思い出すとすれば、強みよりも弱みをたたくほうが絶対にいい。サービスナウ社には、人気のない既存企業の顧客を獲得するまたとないチャンスがあるように見えた。

後日、大組織の幹部たちと話した時のことだ。その人たちは、古いチケットシステムをサービスナウに置き換えたい、と文字どおり懇願してきた。私たちにはまだ規模的に対応が難しかったのだが、とにかくやってみてくれないかと言われた。とてつもない、空前の需要があるとわかったので、私たちはいくら気力をくじかれそうになっても、どのプロジェクトからも決して退かなかった。

興味を引かれた3つ目の要因は、創業者フレッド・ラディの話だった。サービスナウが、

ＩＴサービス管理の領域を超え、まったく異なる場面で使用されはじめていると言うのだ。人事部門の人々や、イベントのマネジャーが見付けて、好んでいるということだった。つまりこのソフトウェアには、どの業務分野にも対応できる、汎用的なワークフロープラットフォームになる素地があるということだ。顧客には、ソフトウェアのアナリストや業界の専門家には見えないものが見えていた。これはツールではなくプラットフォームだったのだ。ツールには1つの芸当しかできないが、プラットフォームは、もっと広くさまざまなことに利用できる。

データドメイン社でのシナリオが繰り返されるのを恐れていた私にとって、これは実に重要なことだった。市場が最終的に飽和状態に達すれば、成長軌道を拡大して維持するための、確実な道がなくなってしまう。海のない内陸に閉じ込められる感覚は二度と味わいたくなかった。ＣＥＯ候補として、サービスナウ社の将来的な可能性について大雑把な根拠とおぼろげな印象しか持っていなかったが、兆しは明るいものだった。

最後の4つ目は、投資家と顧客との会話記録だ。サービスナウ社のベンチャー投資家が、前年の会話すべてについて、主要な部分を見せてくれた。顧客からヒアリングを行うのは、投資家のデューデリジェンスとして極めて一般的だ。約60ページの文書は、最初から最後まで熱意にあふれた感想やコメントで埋め尽くされていた。顧客はプロダクトだけでなく、サービスナウ社の従業員のことも非常に気に入っていた。あれほどまでに最上の賛辞ばかりが並ぶ会社はめったにない。

キャリアに関して重要な決断をする時、すべてを知り尽くすことはできないものだが、その時、私はサービスナウ社のことが十分にわかったと感じた。そして迷いなくCEOに就任。行く手には数えきれないほどの経営課題が待ち受けていたが、２０１１年に私が見た同社の根幹は、その後10年以上にわたって見事に維持された。

戦略はそのままに、実行を改善

CEOに就任したばかりの数年間は、戦略ではなく実行に、執拗なまでに焦点を当てた。当時の戦略に悪いところは何もなく、むしろその可能性を存分に活かせるだけの実行ができていなかったからだ。財務部門は資源を出し惜しみ、営業部は必要な人員を確保できておらず、クラウドサービスは非常に信頼性が低く、エンジニアリング部門は資源の面で貧弱だった。

今までのヘルプデスク管理に代わるサービスを提供するという意味で、サービスナウ社にはデータドメイン社と同じ強みがあった。まったく新しい分野を作るのではなく、物事のやり方を大きく改善していったという点だ。新しく顧客となってくれそうな企業の購買決定者ははっきり決まっていて、予算も、関連した専門知識もあり、切り替えに前向きで、私たちが提供するものに興味を持ってくれた。営業が面会の約束を取り付けたり、見込み顧客にライブデモンストレーションに足を運んでもらったりすることも難しくなかった。そして、既存プロダクトとサービスナウとの差は明らかだった。

サービスナウは、どの既存プロダクトよりも洗練されてシンプルで、同時に利用者にとって最も煩わしい問題を解決してくれた。しかも機能的で、プログラマーでなくとも、データベースの構造、ワークフロー、レポート、通知、さらにはインシデントやタスクを作成するためにIT担当者が使用するフォームの見た目まで変更できる。古いシステムと比べればまったくもって斬新だ。それなりにITの知識があれば日常的に変更が加えられるというのは、当時このようなソフトウェアでは前代未聞だった。サービスナウ以前は、こうしたシステム変更は、ないとはいわないまでも散発的にしか行われなかった。難しすぎ、コストが高く、リスキーで、時間がかかりすぎたのだ。

私たちは多くの取引を結んでいたが、それぞれの規模はさほど大きくなかった。ITヘルプデスクの担当者にしかライセンスの発行をしていなかったからだ。さらにサービスナウの機能は、サービス管理の業界基準であるＩＴインフラストラクチャ・ライブラリー（ＩＴＩＬ）の枠組みにおけるいくつかのコアモジュールに限られていた。別の言い方をすれば、もっとライセンスを発行すべきユーザーがいたし、提供すべき機能もたくさんあった。ＣＥＯに就任して最初の数年間、私はこの２つに力を入れ、それを土台として会社の成長モデルを支えることにした。

機会を広げる

こうした初期の課題と闘っていくうちに、新しい戦略的な機会が視野に入ってきた。私が言うところの「間口を広げる」ための最初の一手は、サービスナウを「ＩＴのためのＥＲＰ（訳注：統合基幹業務システム）」と位置付けることだった。ＥＲＰは元は「企業資源計画」の意味で、その頭文字を取った業界用語だ。ＩＴ分野はそれまで、いわゆる「プラットフォーム化」がされていなかった――つまり、包括的な管理基盤がなかったのだ。企業のＩＴ業務は、スプレッドシートやメールなどで断片的に進められていた。

刺激的なアイデアではあったが、見通しは不確かだった。ＩＴのためのＥＲＰを実現するには、まだたくさんの特性や機能が欠けていたからだ。足りない部分をフレームワークに追加するための青写真はあったし、そのうちいくつかのテスト版（構成管理データベースという、ハードウェアやソフトウェアの仕様を記録し保管しておくシステムなど）もあったが、完成しておらず内容が不十分で、準備が万全とはいえない状態だった。

ヘルプデスク担当者だけでなくITスタッフ全員にシステムのライセンスを与えるべきだ、とIT幹部たちを説得したところ、市場も取引規模も桁違いに拡大した。私たちの主張はシンプルだ。このプロダクトはヘルプデスクの人々がインシデントを解決するためだけのものではなく、ネットワークエンジニア、システム管理者、データベース管理者、アプリケーション開発者のためのプロダクトでもあるというものだった。ワークフローには全員が不可欠であり、サービスナウを使えばあらゆる段階における質や速度が改善される。ヘルプデスクの担当者たちは、入ってきたリクエストを該当の部署へ回し、対応状況を追うのが仕事であって、実際に手を動かすのは他部署の専門家だから、その人たちにも全面的にプラットフォームに参加してもらわなくてはならない。

私たちは何年も尽力して足りない部分を埋め、仮定として描いていたものをだんだんと実際のプロダクトで置き換えていき、ついにはビジョンを完全に実現した。顧客たちも、まだ道半ばだった段階からこうした戦略を気に入ってくれた。そして私たちのプラットフォームは、数えきれないほどの機能やモジュール向けの豊かなフレームワークを生み出した。それは将来的にさらなるイノベーションを重ねていける、キャンバスにも似ていた。

厄介だったことの1つは、「ヘルプデスク用のツールを作っていればいい」という発想からサービスナウ社の人々自身を脱却させることだった。営業担当者の中には、狭くてニッチな顧客に販売することで満足し、私たちが幅広な戦略を追求するのを不思議がっている人もいた。そこで私は、大きくなることが長期的な成功への唯一の道だと、皆に訴えた。そして、「〝デスク〟（ヘルプデスクの略称）は禁句」「ツールは愚か者《フール》のもの」という表現を使いはじめた。皆がプラットフォームとしての位置付けを受け入れ、自分たちに浸透させてこそ、会社は単なるツール業者よりも価値のある存在になれると思ったのだ。

上場、そしてITの先へ

２０１２年６月にサービスナウ社は上場する。しかし市場機会に限界があると見られ、公開価格は限定的なものとなった。投資家の多くは、会社が長続きすると思っていなかったのだ。ＩＰＯの承認後、私たちが機関投資家に向けて説明を行っている中で、ガートナー・

グループがいわゆる炉辺談話を持ち、私たちの会社が獲得可能な市場規模は最大でも15億ドル程度だと、投資家たちに話していた。これは悔しかった——市場全体の評価額を超えた取引など、誰が予想するだろうか。振り返ると笑ってしまうのだが、後にサービスナウ社の時価総額は1000億ドルを超え、史上屈指の規模と成長率を誇るソフトウェア会社になった。だから、専門家の意見というのは信用しすぎないほうがいい。

2015年までには、上述したように主力となるITプラットフォームを構築したことに加え、私たちはさらに間口を広げた。IT管理とまったく関係のない新しい市場に向けて拡張したのだ。とりわけ、前にも触れたように、従業員の質問や問題に対処する上で助けを必要としていた人事部門に、市場としての大きな可能性を見いだした。またサイバーセキュリティー分野にも進出し、セキュリティー専門家とIT専門家を単一のワークフローでつないだ。

個人的には、カスタマーサービスにまで手を広げるのには抵抗があった——これまで追求してきたどの分野とも異なり、消費者志向で処理量も多い。無謀だと思ったが、私たちの社内ではサービスナウをすでにカスタマーサポートに利用していたので、新しい市場として加えるべきだとする内部の強い声があった。最終的には私が折れてゴーサインを出したのだが、後に、間違っていたのは私のほうだとわかった。サービスナウは、消費者対応のカスタマーサービスにおいてもうまく機能したのだ。

会社では、「グローバルビジネスサービス」を戦略の方針としていった。要するに、すべての業務分野を1つのデジタルプラットフォームでつなぐということだ。問題や質問を解決するために、組織内のどこをどう当たればいいか知っている必要はもはやない。デジタルで行えるようになったのだ。たとえば、これまでは人事部に電話したり直接足を運んだりしていたのが、社内の人事部サイトへログインすればよくなった。そこには、人事のタスク、情報、質問、問題などについて包括的なリソースがある。従業員はそこで回答を見付けたり、人事部が対応・フォローアップできるタスクなどを作ったりすることができるのだ。

成長に関する章で述べたように、私たちは新しい使用方法や市場を追求し、一連の新しい事業ユニットを立ち上げた。すべてに火がつくことは期待していなかったが、大半の事業がうまくいき、継続している。今でも、サービスナウ社は新しい隣接分野へと拡大し続けることで、急速に、そしてかなりの規模で成長している状況だ。

競争を生き残る

データドメイン社でのトラウマにあおられるような形で、サービスナウ社では予想以上の成長と拡大を達成した。市場がなくなるという戦略上のジレンマに再び陥ることだけはしたくなかった。また、「間口を広げる」ことに高い優先順位を付けていたのも功を奏した。アトラシアン、ゼンデスク、チャーウェルなど、数多くのライバルが、私たちの後を猛烈な勢いで追いかけてきたからだ。

戦略的に脅威だった企業の1つがセールスフォース社だ。同社は自身が「サービスクラウド」と呼んでいた分野に私たちが進出してきたことを、はっきり敵対的行為とみなした。ヘルプデスクチケット分野での私たちのポジショニングがほかの企業に比べて拡大すると、同社は私たちをいっそう脅威と見るようになった。彼らも力を入れていた新分野に、私たちがＩＴサービスモデルを持ち込んだからだ。私たちの掲げた「カスタマーサービスはチームスポーツ」という合言葉の下、各企業は関係する当事者をワークフローに取り込んでいった。すべての関係者を1つのワークフローに集約することが、従来型の競合他社と私たちを差別化する特徴となったのだ。ほかのベンダーはシステムをサービス部門だけに導入し、インシデント、問題、タスクの解決に貢献すべきほかの部署を置き去りにしていた。

振り返ってみれば、私たちの戦略が深い「堀」になり、サービス管理事業に入り込みたいライバル企業を寄せ付けなかったのだと思う。競合他社の多くは、それなりにヘルプデスクやサービス管理のプロダクトを構築すればサービスナウ社と競えると考えていた。けれども、サービスナウの高い機能性が付加価値のあるモジュールやサブシステム全体に由来するのを認識していなかった。ヘルプデスク1つでサービスナウに対抗するのは無理だ。

こうして私たちは、長期的に自分たちの立場を確立し強化するだけのゆとりを持つことができた。結局、考えるべきは、どこまで手広くやれるかではない。手を伸ばした先の市場で踏み留まれるかどうかだ。

第16章 ホームランを狙え──スノーフレイク社成長物語

必要性を感じる前に、次の展開を描く

私がスノーフレイク社に合流した2019年4月、会社は運営上の重大な課題を抱えていたが、大きな機会に恵まれてもいた。戦略の転換に関するこの3つ目のケーススタディでは、会社が当初のポジショニングから、もっと広がりのある軌道へと、どのように踏み出していったか振り返ってみたい。獲得可能な市場を広げることがどれだけ大切か、私たちはデータドメイン社とサービスナウ社で実感してきていた。スノーフレイク社も同じような課題に直面していたが、問題点と状況が違った。

CEOに着任した頃は、会社の堅調な成長ぶりから、将来に備える時間はたっぷりある

と思っていた。それでも早い段階で戦略的な手を打ちはじめてはいたが、しかし将来の機会をつかむためには、そうした施策ではまったく足りないことが次第にわかってきた。実際にはかろうじて間に合った程度であり、私の認識が甘かったのだ。

ここに戦略を立てる時の原則が見て取れる。市場のうねりが起こる前に、十分に余裕を持って計画する必要があるということだ。明らかに戦略の切り替えが必要になるまで待っていたら、対処が間に合わないかもしれない。市場と、その中での自分たちの位置付けがどのように変わるかを予測することが絶対的に必要だ。あなたが何もしなくても、すべては必ず変化していく。現状に満足して安心していると、大きな前進を自ら阻んでしまうことになるかもしれない。

「クラウド向けのデータウェアハウス」

2015年頃、世の中に現れた時点では、スノーフレイクはデータウェアハウスというポジショニングだった。概念としてはテラデータ、ネティーザ、オラクル、マイクロソフトが提供するサービスと似ていたが、アマゾン・ウェブサービスやマイクロソフト・アジュールのようなクラウドコンピューティング環境向けに独自に構築されていた。スノーフレイクが特に実現したかったのは、既存のデータ処理プラットフォームを、顧客が当時経験していた以上の大きなパフォーマンスを得られる、より優れたアーキテクチャに置き換えることだ。当時の企業は、自社のデータセンターに旧来型のデータプラットフォームを置いており、処理量とパフォーマンスの制約に悩まされていた。

この状況には、いい面と悪い面があった。いい面は、スノーフレイクが市場の主立った層にすぐ知ってもらえたこと。営業とマーケティングの面で大きな追い風になった。潜在顧客たちはスノーフレイクの持つ意図を理解してくれたし、主要な企業や機関では決定権者がはっきり決まっていて、その人々を説得すれば新しいデータウェアハウスに切り替えてもらう道が開けた。

悪い面は、データウェアハウスのブランドだという認識が定着し、市場機会が限定されはじめたこと。スノーフレイクはデータウェアハウスの限界を大きく打ち破っていたのに、データウェアハウス業者には限界があるはずだ、というざっくりしたイメージが付きまとうことになってしまった。

それまでうまくいっていたのだし、同じように事業を続けていれば楽だったとは思う。けれども私たちは、自ら確立したポジショニングによって、逆に苦しむかもしれない危機にさらされていた。思いもよらず対象市場が狭く定義され、データウェアハウス業者として現状維持を強いられるかもしれない。もはや単なるデータウェアハウスをはるかに超えた懐の深いプラットフォームがあるからには、それにふさわしいもっと進歩的なブランドが必要だった。

先進的な顧客からも、現状に留まらないで考えていくことを後押しされ、私たちは自信を持った。そうした人たちは、スノーフレイク社のプラットフォームで、できる限り多くの作業をしたがっていた。業務データと取引データの処理を合わせた混合ワークロードもそうして望まれたものの1つだ。データが複数のプラットフォームにバラけると、管理がしづらく、データのいわゆるサイロ化が進んだり、運用が複雑化したりしてしまうからだった。

データクラウドへ

2019年後半、私たちは「データクラウド」という新しい方向性を打ち出した。それまで非常にいい成果をもたらしてくれていたデータウェアハウスのサービスをやめる計画はなかったが、データクラウドは顧客の業務能力を広げられるし、旧来型のデータウェアハウスが持つ処理量の欠点も埋められる。これまでのデータウェアハウスプラットフォームは単一クラスター構成で、同じデータに対して同時処理を行う能力が著しく阻まれていた。また、ストレージや演算能力をそれぞれ独立して拡張することもできなかった。スノーフレイクはこのすべてを容易に行えたので、格段に利用範囲が広がり、魅力も増すこととなった。

こうしたすばらしい処理性能で、まずは顧客を引き付けることができた。しかしスノーフレイクにはほかにも大きなセールスポイントがある。それはデータを「統合」する力だ。アカウントを持っていれば、あらゆる共有アカウントのデータを組み合わせたり、手元のデータの足りない部分を補ったりできる。スノーフレイクはゼロから構築されたからこそ、データ共有プラットフォームとなることができた。アカウントがあれば誰でも、データクラウドという巨大なデータの宇宙とつながれる。データの複製が不要なのでスムーズに作業が進むし、コピーや派生データではなくソースデータにクエリをかけるので、遅滞も発生しない。さらに元データが変更されると、そのデータを参照しているものもすべて同時に変更される。

データストレージと演算機能はまだクラウドシステムに移行していない時期だったの

で、これは先駆的だった。技術が発達し、アマゾン・ウェブサービス、マイクロソフト・アジュールなどのクラウドによる事業用大規模インフラや、セールスフォース、ワークデイ、サービスナウのようなクラウドアプリケーションはすでに提供されていた。それでも、たいていの企業では、データがあちこちに断片的に散在していて統合するのが難しかった。重要な情報がバラバラに分かれて、従業員個々のコンピュータを含む、無数の場所に点在していたのだ。

そうした現状に、企業の最高情報責任者たちはひどく悩んでいた。データ処理が量的に増え、複雑化してくるにつれて、断片的なデータの取り扱いは、悪夢とはいわないまでも、ますます頭の痛い問題になっていたのだ。データのサイロ化は排除されなければならない。そうしなければ、データサイエンスはことごとく妨げられ、多くの可能性が阻まれてしまう。この事実から、データクラウドの普及活動にはさらに説得力が生まれた。

さらなる拡大へ：マーケットプレイスとプログラマビリティ

データクラウドを超え、さらなる成長のために目指すことにしたのが「マーケットプレイス」だ。これは、顧客が、別の提供者による新しいデータを検索、閲覧、発見、調査、テストできるようにするもの。経済、人口動態、サプライチェーンなど、あらゆる種類の業界固有の情報・データに対する需要と供給を結んでくれる。データを収集し、分析した企業が、ターゲット顧客に向けてアピールし、従量課金制によって気軽に取引することができる。顧客は利用した分だけ支払えばよく、ライセンスや長期間の定額契約に煩わされることもない。

たとえば、消費財を販売するスタートアップ企業が、カンザス州ウィチタに住むすべての夫婦の住所を必要としている場合、消費者データの提供者がリストを作成し、直接スノーフレイクのアカウントから、迅速かつ簡単にそのスタートアップ企業のアカウントに紐付けることができる。こうして、ほかのソースから紐付けてデータを「豊かにする」このプロセスは、業界全体の関心事となった。

データクラウドは、「プログラマビリティ」が加わることでさらに拡張されている。ソフトウェアコードが、スノーフレイクのプラットフォーム内でデータを処理するということだ。これにより、スノーフレイクはデータアプリケーションプラットフォームへと発展できることになる。データクラウドがこうして自然に進化することで、スノーフレイクのプラットフォームがあらゆる場所の企業や組織に提供できる事柄・サービスはどんどん広がっていく。私たちの戦略は、継続的に価値を積み重ねることで成り立っている。データクラウドが形になり、たくさんのデータが集まりだすと、ソフトウェア開発者にとっては魅力がさらに増した。リアルタイムで豊富なデータの宇宙へアクセスし、それぞれの目的を達成することができるようになったのだ。

戦略のカードを切る

会社経営は、ポーカーと似たところがある。いいカードが手元に来るかもしれないし、来ないかもしれない。だが大事なのは、配られたカードの可能性を理解することだ。手持ちのカードによって、コールかレイズか、またはフォールドすべきか、戦略上の選択肢は決まってくる。

スノーフレイク社の場合、会社の方針を変えないで、主力のデータウェアハウス業一筋でいくことは簡単だった。ただし、そんなカードの切り方をしていたら、会社の価値や可能性は世間にどう受け止められていたか。その後確立できたものと比べたら、ほんのわずかに留まっていたと思う。

手持ちのカードでどのようにプレイをするか決める時は、現時点で獲得可能な市場の大きさだけが問題ではないことを心に留めておこう。もちろん、大きいほうがいい。ずっといい。しかし考えるべきは、この先数年間でどれだけ大きくなるかだ。外的環境が変化し、成長していけるような新しい潜在的市場が尽きた企業は、買収その他の強行策に出ざるを得なくなることが多い。

解決策を1つ挙げるとしたら、今いる市場をより大きな市場の一部として捉え直すことかもしれない。たとえば、デスクトップコンピュータ市場はゼロに等しいほど縮小してしまったが、ラップトップやタブレットへとうまく進出したデスクトップメーカーは繁盛している。全体としてのコンピュータ関連分野は、今やずっと広くなった。同様に私たちは、データウェアハウス業が、最終的にはより広い分野であるクラウドデータオペレーションの一部になると予想している。

サービスナウ社も、ヘルプデスクとサービス管理市場についてこうしたことを行ってきた。今では、ヘルプデスクやサービス管理のスタンドアローン製品を買う人はいない。市場の定義も広がって、運営および資産管理、構成管理、そのほかたくさんの業務分野が含まれている。

だからこそ、スノーフレイク社にとって、進化し、ポジショニングを改め、より大きな賭けをすることがとても重要だった。そしてこれは、以前よりずっと大胆なプロジェクトを計画、準備しなければならなかったエンジニアチームにとっても、マーケティングや販売の取り組みをかなり進化させなくてはならなかった営業・マーケティング部門にとっても、大きな挑戦となった。

新しい市場へ拡大する下準備を始めるのが早いほど、課題の数々に対処しやすくなる。あなたが似たような状況に直面したら、思い出してほしい。

第7部

The Amped-Up Leader

最高を超えるリーダー

第17章 キャリアで最高を超える

あなたは商品

あなたはキャリアの進展に満足だろうか？　もっと早く出世できたかといえば、おそらくできただろう。多くの人は、機会が生じるごとに次から次へと飛び付き、行き当たりばったりにキャリアを築く。もっと意図的にキャリア形成すれば、前進する勢いを加速させ、最高を超えていけるはずだ。私はＣＥＯとして、業績のいい会社に何千という人を引き入れてきた。多くのキャリアが羽ばたく一方で、少なくない数の人が伸び悩むのも目にしている。一般にキャリアが停滞する（もっと悪い場合、潰れていく）のはなぜなのか、知っておいて損はない。

職業人である私たちは、商品だ。自分という商品をマネジメントしよう。教育、訓練、経験を通じて格上げするのだ。履歴書はあなたの看板。磨いて光らせよう。パンチもしっかり利かせてほしい。

人事市場で意味を持つのは、あなたが「ふさわしい」かどうかではない。あなたが「ほかの候補よりもふさわしい」かどうかだ。望まれるような魅力的な商品になるには何が必要だろう？　または、仰天されるくらい優れた商品になるには？　キャリアの軌道を大きく動かすために何ができるかについて、私は次のように考えている。

学歴もある程度は大切だが……

言葉や数字を扱うこと、そして学習・考察・分析といった一般的な力を身に付けるには、かっちりとした学術教育が必要だ。雇用主はそういった基礎能力を求めるから、求人にはたいてい4年制大学卒という条件が付く。そのため学位がないと専門的な職場には入りにくいが、そうでなくても入社して、順調にやっている人もいる。学位が求められる場合も、エリートのアイビーリーグだとか、そのほかのブランド校である必要はないことがほとんどだ。例外として、投資銀行、ベンチャーキャピタル、経営コンサルなど、聞こえのいい大学名を重視する業界はある。しかし、ほとんどの雇用主は出身大学のランクをそれほど気にしない。エリート校出身者は人件費が高いし、むしろそうした新卒にありがちな態度を好まない企業は多い。

また、就職して数年ほどでＭＢＡを取るために学校へ戻ることが流行っている。キャリア不振に陥って、ＭＢＡが打開の切り札になるかもと考える人が多いのだ。ビジネススクールは必死でそう信じ込ませようとする。確かに、いい大学でＭＢＡを取れば履歴書は見栄えがするだろう。しかしＭＢＡを取るにあたっては、２年間の給料が犠牲になるだけでなく、機会も大いに失う可能性がある。現場を離れることで、ライバルに経験で水をあけられてしまうのだ。

経験はもっと大切

社会人歴が長くなるにつれ、学歴よりも有意義な経験が重視されるようになる。受けた教育を活かして何をしたかが問われるようになるのだ。社会人歴10年以上ともなれば、Ｍ

BAを気に掛ける会社はほぼない。大学院生よりも、会社で具体的な業績を上げてきた人のほうがずっと魅力的だ。だから、何にせよ修士号を取るべく行動を始める前に、よく考えたほうがいい。

思慮をもって実績を積み上げていこう。明確に何を成し遂げるでもなく、職歴ばかりが連なる履歴書は不利だ。運転手でなく乗客だという印象を与える。これといった実績がない場合はなおさら、短期の仕事が続かないようにしよう。どんな職場でも、12カ月や18カ月では本当の実績を出すところまでいかない。今の仕事が楽しくなかったり、不満だったりしても、何かしら得るものができるまで頑張ってみよう。

短期で転職を繰り返すということは、仕事選びが下手か、しょっちゅう上とぶつかる人かもしれない、という印象も与える。一度だけなら偶然の可能性も考慮されるだろうが、何度も続けば危険信号と見られるはずだ。私の場合、最短の在職期間は3年。そのほかはすべて5年から7年ほど勤めている。

ちなみに、経歴は適性を反映するが、完璧に表すとはいえない。業績のいい会社にいた人は、その会社の波に乗っかっていただけという場合が多いのだ。優れた会社のオーラは従業員に移り、会社の成功と従業員の成功とが区別しにくくなる。そのため私たちも、運転手だと思い込んで乗客を雇ってしまったことがある。

逆に私が興味を引かれるのは、ある会社で手ひどく失敗し、厳しい試練に立ち向かって、そこから何かを学んだ人だ。人間、楽々と手にした成功よりも、苦労や失敗から多くを学ぶもの。もし、あなたがそうした経験から意義ある学びを得ていて、次の仕事に活かせるなら、その失敗は将来の雇用主にとって価値でしかない。どんなに残念な経験だったとしても、誠実に、洞察も含めて、詳しく話そう。

一番大切なのは適性

何であれ適性は天与の才だ。雇用主は経験を与えることはできるが、適性は与えられない。経験から適性がうかがえることもあるのだが、採用担当はそれを十分に理解し、見極めるための努力をしないことが多い。私など、自分が受けた面接で、得意なことを聞かれたことは一度もなかった。自分が面接する側になってからは、私はこれを真っ先に聞くようにしているし、何より興味深い質問だと思っている。

希望する職務にまつわる経験が浅いなら、話を適性のほうへ持っていこう。自分がそのポジションに向いている理由を語るのだ。賢明なマネジャーなら普通は、経験は多くなくとも、より適性のある人材を選ぶ。だが、質の低いマネジャーは経験ばかり見て、基準を満たすかどうかチェックすることにこだわる。これはマネジャー自身の保身のために、リスクを最小限にしようという無益な試みだ。無難な選択にはなるだろうが、最善の選択は望めない。

強みの裏返しは弱みだ。自分の限界について、思慮深く話せるくらい認識しているだろうか？　短所は誰にでもあるのに、人は口にしたがらない。面接で聞かれるとワナだと思ってしまう。けれど、度胸を持って率直に話せば、いいマネジャーなら好印象で聞いてくれる。自覚には説得力があるものだ。

シリコンバレーが常にそうであるように、人材不足の時は、やや確実性が薄くても適性に賭けるのが採用側にとっても吉だ。成長を見越して採用し、挑みがいのある新たな職務を与えて、伸ばしていけばいい。

人柄が局面を変える

エネルギッシュで魅力的な人柄は、職場で大いに役立つ。これは私たちの文化のあらゆる分野で同様だ。たとえば政治の世界では、明らかに経歴よりも人柄のほうが重んじられているのではないだろうか。人柄は、経歴の足りないところを補ってくれる場合がある。ただ、エンジニアリングや金融などの専門的な分野ではこの傾向が少ない。とはいえ、誰もがある程度チームで働いている以上、チームプレイヤーとして協力できる能力は必ず重宝される。

何年も前になるが、まだ開拓の準備中だった地域のセールスパーソンを面接したことがある。すぐには働いてもらえなさそうだと伝えようとしたところ、彼は「今、雇っていただきたいんです」と言う。理由を聞くと「仕事がもらえるまで家に帰るな、と妻に言われまして」との返事！　これほどの熱量に対して、ノーと言うことができるだろうか？　私たちはその場で採用を決め、彼は営業担当として成果を上げた。人柄は局面を変えるのだ。

自分の性格のどんな部分を押し出すべきか考える時は、入社を希望する先のカルチャーに留意しよう。ある企業にはすばらしくフィットする人材が、別の会社では相性最悪ということもある。面接を受ける時には、ぜひこんなことを聞いてみるといい。「御社で一番成功している方々はどんなタイプでしょう？　逆にどんな方が苦労していますか？　理由は何でしょう？」。

昔、私はある大手ソフトウェア企業のゼネラルマネジャー職に応募し、面接を受けたことがある。ふさわしい経歴は持っていたが、会社側は私の熱い猛突進スタイルが問題になると予見し、不採用にした。とても悔しかったが、後になって彼らが正しいとわかった。あのように控えめなカルチャーの会社に入っていたら、役に立たないとまではいかなくても、とても不幸だっただろう。一方で、その会社とは合わなかった私の性格が、スタートアップ、事業再生、事業拡大（急成長するベンチャー事業など）とは相性がよかった。

スタートアップ企業には、基本的に、強い推進力となる人、情熱的なリーダー、ゴールへひた走る成果重視の人材が必要だ。こうした人々は、大所帯で、融通が利かず、進化の遅い企業ではフラストレーションを抱えやすい。私たちは、挑戦的な姿勢を持つ人や、自分の力量をもっと発揮したい、認めさせたいという人を好んできた。だが、このような性格がよその職場では大歓迎されるものではないというのもよくわかる。

職場のカルチャーとして、多くの場合に危険なのは、何かをしてもらえて当然という権利意識だ。私たちの会社では、自立している人、感情的でない人を求めてきた。仕事に対する強い責任感や、切迫感や、「言い訳しない」メンタリティを持つ人を評価した。できない理由を言うより、きちんと成し遂げる人だ。こういう人は前述したような、乗客よりも運転手を雇いたいという私たちの方針とも相性がいい。

就職や転職にあたって、人柄は注意を払って扱うべきものでもある。よくあるアドバイイスは「自分らしく振る舞え。自分と違う人間になろうとするな」だ。ある意味では正しいのだが、面接では自分のことを他人について語るかのように説得力をもって話すことが必要になる。「商品」を効果的に売り込み、よさを伝えるのは難しいから、練習しておくといい。作り込まないことや誠実さは大きな魅力につながるが、ぶっつけ本番でいいということではない。

採用に関する決定は、常にリスクと不確実性をはらんでいる。キャリアの長いリーダーなら誰でも経験があると思うが、私も、経歴のすばらしい人を雇ったのに入社早々目も当てられない、ということがあった。だから多くの採用担当者は、直感を信じて、経験は浅くても適性や将来性が高い人を選ぶ。こういう時、人柄が決め手になることが多い。ハングリーで、謙虚で、「失敗できない」と腹をくっている人は有望だと私たちは学んできた。

コミュニケーションスキルを磨こう

キャリアアップに役立つわりに軽視されがちなのが、会話と文章による上手なコミュニケーションだ。最近、まとまりのない、お粗末な構成のEメールが多くないだろうか?

書き手の頭の中がゴチャゴチャしていることが丸わかりな文章は？　咳払いしたくなるようなどうでもいいネタの数々に、肝心の情報が埋もれている通知文は？

伝わりやすい単刀直入な文章を書く力は、キャリアのどんなステージにおいても役立つ。「書くのは苦手」なんて言わないこと。文章力は伸ばせる。効果的なビジネスライティングを教えてくれる本、オーディオ番組、講座は山ほどある。私にとって英語は母語ではないから、何年も練習しなければならなかった。能力を大きく向上させることは可能だと、私は知っている。

マネジメントをする者にとって、話し方もとても大切だ。大小の集団の前で上手に、いや、少なくとも満足に話すことができなければ、キャリアはあっさり行き詰まる。たいていの人は最初は人前で話すのが怖いものだ。恐怖を克服するには、とにかくやるしかない。時々ではなく、なるべく頻繁に、理想的には週に複数回。そうすると恐れを乗り越えて、聴衆とうまく通じ合えるようになる。やがては、話す機会を楽しむようになるはずだ。

どのようなメッセージを伝えるべきか、そしてどのようなメッセージが聞き手にとって必要かを理解するには、自分が話すテーマについて知り抜くことが有効だ。そうした基本的なことに加えて、自分らしいスタイルを確立していこう。ステージで心地よく話せて、力すらみなぎってくるようなスタイルだ。身に付くまでには何年も試行錯誤が必要になるが、努力を続ける価値はある。

私のスタイルは「会話モード」に落ち着いた。何百もの聴衆に話すというよりは、オフィスで数人にしゃべっているようなつもりで進めるのだ。最初に伝えたいメッセージを持ってきて、それから自分の主張を説明するための具体例を重ねていく。具体例はわかりやすいし、話していて楽しく、聞き手の記憶にくっきりと残ることが多い。使えるエピソードをリストアップして、ネタが古くならないように常に新しいものを付け足していこう。ユーモアを織り交ぜるのもいい。でも、パワーポイントの箇条書きを一言一句読み上げるのだけは絶対にダメだ――聞き手の関心が一気に薄れる。経験上、スライドが最も有用なのは視覚的な補助としてであって、話し手が頼りきっていいものではない。使うなら箇条書きは一切やめて、視覚的に最高を超えるプレゼンにするのも一案だ。

長期的目標を持ち続ける

キャリアをスタートさせる時、たいていの人は最終目標についてぼんやりしたイメージしか持っていない。成長した暁《あかつき》にはどうありたいだろうか？　履歴書は得てして、機会を得るごとに仕事から仕事へと渡り歩いただけの、でたらめな足跡のようになりがちだ。場当たり的な選択をすると、後で理由付けに苦しむことがある。

最終段階を思い描いておけば、短期戦も長期戦も同時に戦えるようになる。尊敬する成功者の自伝を読んでみよう。短期的な職務選択が、将来の大きな躍進に役立っているのがわかると思う。すべての仕事が、刺激をくれるメンターとの関係構築や、横のネットワーク強化の機会になる。だから仕事を変える時は、給料や勤務地や立派な肩書きといった目先の利点や、友達が働いているといったことだけでなく、長い目で見て何を得られるかで決めよう。

5歳の頃からCEOになりたかったという人に会ったこともあるが、そこまでこだわれという話ではない。長期的な目標はいつ変えてもいいし、多くの人は変えていく。ただ、キャリアについては常に先々まで見据え、その視点に基づいて決断をしてほしいということだ。明確な目的意識がある人は強い。

肩書きや給料にとらわれすぎない

長期的な視点に立てば当然な話ではある。大学を出てから10年くらいのうちは、給料や肩書きを気にしすぎないこと。この時期は、キャリアを積み上げるための基礎作りがすべてだ。いい業界の、いい会社の、いい職務に就いていなければ、しゃれた肩書きや高給を得たとしても将来の役に立たない。

かつては立地も大事な要素だったが、リモートワークやビデオ会議が増えた今では重要性が薄れてきている。私はかつて10年ほど、ミシガン州にいながらテック業界を目指していたが、本来なら真っすぐサンフランシスコのベイエリアへ行くべきだった。地理的な選択ミスは私にとって大きな足かせとなってしまった。自動車業界を目指すにはもってこいの場所だったが、私はテック業界に入りたかったのだ。

また、成熟したマネジメント基盤のある、いい会社に入ることも大切だ。私は、基本的に新卒の人に対しては、スタートアップ企業を避けるようアドバイスしている。会社のあり方として最低レベルのものを目にし､吸収してしまうかもしれないからだ。スタートアップは体制があまりに未熟だったり、社会人としての礼儀がなっていない人だらけだったりすることがある。シリコンバレーで言うところの「大人の目が届いていない」状態だ。最初のうちは業界のことを幅広く学び、将来リーダーとなれるよう基礎を積み重ねることに集中したほうがいい。そのどちらもスタートアップ企業では難しいから、早くにストックオプションで儲けたい、といった誘惑に心を奪われすぎないようにしよう。

キャリアを重ねると、転職だけでなく異動も含め、さまざまな職務、肩書き、給与水準を提示されることになる。どのステップにおいても、ただ機会に飛び付くのではなく、よく考え、目的を持って決断しよう。場合によっては肩書きや給与を一段下げたほうが、先々のためになるかもしれない。同輩の人々にあれこれ言われることもあるだろうが、惑わされないこと。自分の船は自分で舵を取るのだ。個人の意思決定について、他人に賛否を問うてはいけない。

苦労を受け入れる

新卒に「情熱に従え」とアドバイスする人は多いが、夢のキャリアを追いさえすればすべてうまくいくと考えるのは、ほとんど狂気に近い。「願う」だけで何かが手に入ることはめったにない。だが骨を折り、努力し、戦って、目指すことならできる。現実的に頭角を現すチャンスがある分野を選ぼう。そこまで現実的ではないが打ち込んでいること――バスケットボール、セーリング、音楽の演奏、絵を描くなど――は余暇の趣味にするといい。

日々の仕事においては、苦労を避けるのでなく、引き受けてみよう。確かにつらいし、苦しいし、恐ろしいと思う。でも苦労を経て人は大きく成長でき、学べるものなのだ。結局はそういう経験がキャリアを形作り、積み上げてくれるし、将来の雇い主はあなたがもがいてきた経験を評価してくれる。真の力が試されるような、困難だけれども本質的な問題解決が求められる職務、業務を引き受けるようにしよう。会社の実質的な活動から遠ざかれば遠ざかるほど、キャリアの進展は遅くなる。いずれ、苦労した経験に何よりも感謝する時が来るはずだ。

リファレンスチェックを恐れない

キャリアを大きく加速させてくれるのは、何と言っても人からの評判だ。上司、同僚、部下はそれぞれ、あなたが一緒に働く上でどんな存在かということについて確たる意見を持っている。賢いマネジャーなら、新卒以上の候補者については、何度面接するより徹底的なリファレンスチェック（訳注：採用を行う側が、応募者の経歴等について、前職の上司や同僚などに照会すること）を行うほうが、はっきり人物像を捉えられると知っている。

職場のあらゆる人を――上司も、同僚も、部下も――将来のリファレンス提供者だと考えよう。皆、あなたについて何と言うだろうか？　まずは当然ながら、あなたが成果を上げたか、変化を生んだか、組織に真の影響をもたらしたかどうかを話すはず。そして、職位の上から下まですべての人に対し、敬意と思いやりを持って接したかどうかも語られるだろう。小さな親切が何年も相手の心に残ることもあるし、廊下の少し先で働いている女性が、いずれ、あなたが心からやりたい仕事の採用担当をすることだってあるかもしれない。これも、長期的な視点を持つということだ。

キャリア不振とキャリア潰し

どんなに努力していても、キャリアが頭打ちになって停滞することがある。能力が十分なのであれば、それは、所属する業界か会社、あるいはそのどちらも成長していないことが原因だ。活気があり、波に乗っている業界・企業では、能力のある人は新たな役職への準備が整う前から昇進していく。しかし、あなたの現状がその逆なら、自ら動いて軌道修正しなくてはならない。私自身、折に触れてそうしてきた。

まずは、直属の上司と定期的にキャリア面談を持つようにしよう。いい会社やいい上司は積極的にこうした面談を設定する。あなたが何を考えているか、どうすればあなたを手放さずに済むか知りたいからだ。一般的な会社では、こうした面談は年に1回行われる。変化の速い会社では四半期に1度ほどだ。けれどもしも、実質的なキャリア面談に「まったく」呼ばれないなら、それは危険信号だ。頼んで実施してもらおう。

こうした面談ではまず、会社とミッションに対する自分の貢献度を改めて伝えよう。先々リーダーシップを取る素養があることや、高い賃金につられてすぐ鞍替えするような欲得ずくの人間でないことを示すことができる。謙遜は無用だ。ただし、ヘッドハンターからこれだけ声が掛かっているなどと話すのはやめたほうがいい。誰でも声は掛かる。尊大にならず、建設的な姿勢を保とう。会社にあなたを昇進させる義務はない。雇用は双方向の合意であり、どちらの側も満足していることが重要だ。

「従業員は機会があるごとに強気で交渉し、長期的な収入を最大化すべきだ」と言う人たちもいる。私は個人的にそういう交渉はしたことがなく、その必要性もなかった。雇用主との関係を、単に契約上のものにしたくないと考えたからだ。ただ、もちろん強気な交渉が必要な時もある。軽んじられているとか、不当に扱われていると感じる状況はよくない。普通だったら受けないような転職の誘いに応じてしまうからだ。不満を表明しよう。会社があなたを必要としていれば、きっと聞いて対応してくれる――そうでないなら、そのこと自体が貴重な情報だ。建設的な会話にはすばらしい力があり、雇用と対価を巡る状況を、適切かつ健全に支えてくれる。

キャリアをひどく損なう、あるいは潰す要因が、本人の経験や才能面にあることは少ない。ほとんどの人は、文字どおり平均的な能力の持ち主だ。結局はスキルでなく、向き合い方や態度といった、本人の選択が問題になる。あなたが協力的でなかったり、主体的にプロジェクトに取り組まなかったりすれば、早々に価値より問題のほうが多い人間だとみなされる。こういう間違った行いは不快なだけでなく、あなた自身のパフォーマンスや成果も損なってしまう。そして周りはチームとして一緒に仕事をしたがらなくなる。間もなく、会社はあなたを手放すしかなくなるだろう。だから、もし態度を改めるよう指摘を受けたら、真剣に受け止めよう。

前述したように、ほとんどの会社には乗客と運転手が混在しているが、遅かれ早かれ乗客は厳しい対応を受けることになる。レイオフ時に切られても、誰も驚かないだろう。ミーティングでどれだけ賢そうに話せても、プレゼンのスライドをどれだけ美しく作れても関係ない。結局、ゲームに留まれるかどうかは、何を成し遂げられるかで決まるのだ。組織に価値を付加することなく、体裁を取り繕ってばかりいる人は、そのうち周囲に悟られる。

第18章

CEOに向けて——創業者や取締役会との付き合い方

この章では、CEOやそのアドバイザーにとって重要な2つのトピックを取り上げる——今はもっと下のポジションにいて、いずれCEOになりたいと願う人々の参考にもなるはずだ。

創業者から継承することの難しさ

スタートアップ企業の創業者を、会社の成長期にもCEOに据えておくことの価値については、議論が続いている。少なくともシリコンバレーでは、創業者を支持するほうに振り子が振れているのが近年の状況だ。実際、史上屈指の成功を収めた企業のうちいくつかは、何年にもわたって創業者に率いられてきた。ビル・ゲイツ、スティーブ・ジョブズ、マーク・ベニオフ、ラリー・エリソン、ジェンスン・フアンなどがそうしたトップの例だ。とはいえ、創業者が指揮を執り続けた結果、ダメになってしまったスタートアップも多い。つまり万能な方法は存在せず、すばらしいCEOになる創業者も、そうでない創業者もいるということだ。一般的に、アイデア力に優れたスタートアップ創業者より、そのアイデアについて可能性を最大限に引き出すべく実行できるオペレーターのほうが少ない。両方のスキルを併せ持つ人はなおのこと希有だ。

あなたが創業者でないCEOなら、傑出した先駆者から引き継がねばならない苦労を味わったことだろう。私も、各社の前進を支えるオペレーションの担い手として迎えられる中で、何度か経験してきた。創業者の中には経営に対するこだわりがまったくない人もいて、この場合は引き継ぎが比較的スムーズだ。私の場合は、データドメイン社とスノーフレイク社がそれに当たる。反対に、創業者が長い間ＣＥＯを務めており、権限を渡したがらないこともある。私の場合はサービスナウ社がそうだった。

データドメイン社に入った当時、私は22番目の従業員で、会社は走りだして18カ月だった。そんなごく初期の段階でも、かつてを——プロダクトを最初の顧客に売るまでの時期を懐かしむ声はあった。主な創業者のカイ・リー博士はプリンストン大学でコンピュータサイエンスを教える教授で、研究休暇中に会社を立ち上げたものの、教壇に戻る必要があった。最初の1年半は、カイが雑用から何からすべてこなしていた。しかし秋学期が始まるにあたり、取締役会は新しいＣＥＯが必要だと判断した。会社は回ってはいたものの、その可能性をビジネスの成功へと転換できる人間が求められたのだ。

サービスナウ社はそれとは対照的で、私が入った頃には、創業者フレッド・ラディの経営の下で7年がたっていた。確かな収益が上がっており、２５０人ほどの従業員を抱え、顧客基盤もしっかりとできて、成長の軌道をたどっていた。同時にサンディエゴの企業として、北の邪悪な帝国シリコンバレーに対抗心を持っているようなところもあった。突飛な南カリフォルニアのライフスタイルがカルチャーとして染み付いており、多くのスタッフが早朝にサーフィンに行き、年中短パンにビーチサンダルという姿。まったく違うマインドセットを持ってシリコンバレーからやって来た私に、彼らはショックを受けた。アクセル全開、戦う気満々、実行が第一、ビジネスは戦争と語るCEOだ。どれくらい気に入られたか、想像がつくと思う。

スノーフレイク社はまた状況が違っていた。創業者からの継承でなく、別のオペレーターCEOから引き継いだからだ。会社は急成長中で、プロダクトも際立っており、前任者ボブ・マグリアはスタッフに好かれていた。毎週ノリのいい全社会議を開き、年に1度は社員全員を引き連れて、レイクタホへのスキー旅行までする。嫌われる理由があるだろうか？しかし、取締役の多くは最高を超えられる、新しいCEOを望んでいた。ボブは会社がキャズムを越えられるよう、多くのよい取り組みを行ってきたが、次の課題は、キャズム後の会社の可能性をどう最大化するかということだったのだ。

入社当時、会社の収益規模はサービスナウ社とほぼ同等だったが、従業員数は4倍近かった。サービスナウ社が資源に飢えていたのに対し、スノーフレイク社はとてつもない資源過多。それは環境の産物だった。多額の増資、制限のない出費、慰労会、祝い事、記念パーティーの数々。より厳格で規律ある私のやり方が導入されたことで、スタッフは冷たいシャワーの中へと押し出され、目を覚まされる形になった。

変革は慎重に進めよう

私が得た、痛い教訓を1つ。引き継ぐ前の状況がどうであろうと、創業者でないCEOは、最初は慎重に物事を進めるべきだ。少なくとも私にとって難しかったのは、問題を解決しなければという多大なプレッシャーの中、すぐにカルチャーを変えたいと焦る気持ちを抑えることだった。そもそも、対処すべき深刻な問題がなければ、取締役会は新しいCEOを雇わない。ここで肝となるのは、解決に取り組む中で、創業者を責めないことだ。

まず、自分は永遠に創業者にはなれないのだということを自覚しよう。多くの従業員が、少なくとも最初のうちはあなたを侵入者とみなす。創業者はその功績からほぼ神聖視されているのだから、あなたの存在が認められなくて当然だ。長く勤めている従業員ほど昔を懐かしみ、創業当時の甘い思い出に浸り続ける傾向がある。振り返ってみれば何でもよく思えるものだ。実際はそれほどでなかったとしても。

どんな時も創業者への敬意を持って発言、行動しよう。あなたは元々のビジョンを実現するために創業者を手伝いに来ているのだ。CEOとして、そのうち非難だけでなく数々の称賛も得ることになるが、創業者を立てることを忘れてはいけない。創業者は自らの力でそれだけの地位を勝ち取ったのだし、尊敬されて当然だ。従業員や顧客から、称賛とまでは言わずとも、常に認められていたいという思いが強い場合もある。顧問や取締役に退いた今でも、会社は彼らにとって大事な我が子だ。プライドを前面に出さないタイプの創業者であっても、やはりきちんと認めよう。従業員は、あなたが創業者を尊重していると理解する――あなた自身がプライドと権力を振りかざす人間でないことも。

こうした繊細なバランスを操り、創業者から称賛の言葉をもらえるようになると強い。スタートアップ企業の取締役会議ではベンチャー投資家が力を持ちがちなのだが、彼らは創業者が口にする新ＣＥＯの評価にすぐ影響されるからだ。ベンチャー投資家は、実務を担う幹部にどう思われるかということより、創業者コミュニティでのブランドイメージを気にする。そして、成功している創業者については貴重な人物とみなして何度でも支持するが、ＣＥＯは取り替えが利く存在だと捉えている。特にＩＴ業界では、創業者は競走馬、ＣＥＯは農耕馬だ――だから創業者の意見が重視され続ける。

結局は、成功が人気に勝る

いくつかの会社では、入社してしばらくの頃、創業者が私の任用を大っぴらに悔やみ、私のいないところで取締役会に文句を言うという出来事があった。既存の体制を揺るがす私の存在は衝撃だったのだ。けれども、私たちの会社がどこもそうだったように、企業が大きく成功すれば、どんなに強い不満を持っていた創業者も考えを変えるものだ。もちろん好かれたほうが嬉しいが、そうでなくてもオロオロしてはいけない。あなたのミッションは勝利であって、人気取りではないのだから。逆説的ではあるが、勝利を収めれば誰もが好いてくれる。反対に、創業者から好かれないことを気にして集中できず、会社が苦況に陥ってしまえば、本格的に暗い日々を過ごすはめになる。

ネットアップ社のすばらしいCEO、ダン・ウォーメンホーヴェンは言った。「優れたCEOは全員プライドが高い。でなければこんな仕事はできないからだ」。けれども、そのプライドを抑えられなければ、鼻持ちならないやつだと思われ、仕事もままならない。このバランスは難しい。

時がたてば、創業者との繊細な付き合いもさほど難しくなくなってくる。たとえば、私がCEOを務めた3社はいずれも急成長したので、わずか数四半期ほどで、私よりも社歴の浅い従業員が大半になった。彼らは私が舵取りを始めてから採用されているので、懐かしむような過去がない。

たとえそうなっても、創業者をめいっぱいたたえ続けよう。成功するには1つの村ほど大勢の力が必要だということ、そして創業者は今も村の名誉村民であることを忘れてはならない。

取締役会の繊細な力学

創業者と同じく、取締役会のメンバーとも巧みに関係を築きつつ、境界線を引いていく必要がある。

新任のCEOは、取締役会の役割について混乱しやすい。彼らの権限範囲がどこまでで、どこからがマネジメントの責任なのかわかりにくいからだ。理想の世界では、取締役はCEOに助言し支えることと、経営の仕方を指図することをまったくの別物とし、両者の線引きを常に大切にするだろう。だが実際には、たいがいその線はぼんやりしている。取締役は多くの場合、一線を越えて経営の領域に踏み込みたがる。そして、経験の浅いCEOはそうした越権行為を許してしまう。取締役会によって任用されたがゆえに、彼らが上司であるかのように感じるからだ。

だが、両者の関係はそんなに単純なものではない。もちろん、CEOの選任や解任は取締役会の役割の1つだ。しかし、いい取締役会は、重大な違反によってCEOを解任する時を除けば、戦略と運営のほぼ全権をCEOに委ねる。そしてCEOの解任は、痛みを伴う高リスクの最終手段とし、気軽に、あるいは些細な理由では行わない。次のCEOを選ぶには長いプロセスが必要だし、しばらくリーダーシップに穴が開くことでダメージが及びかねない。だから、いい取締役会はこの手段を取りたがらないのだ。

一方で、取締役会のメンバーは過去に高い地位に就いていた人が多く、自己主張したくてうずうずしている場合がある。いつまでも重要視されていたいと思うのだ。人間としてこういう気持ちはよくわかる。とりわけこの傾向にあるのはベンチャー投資家の取締役だ。複数の会社で取締役を務めてきたこともあって、さまざまな会社を知っているという強みがある。しかも、「自分のお金」が事業に使われていると認識するので、なおさら一線を越えて当然だと思い込んでしまう。これもまた、人間としてとてもよく理解できる感情でありながら、取締役会の力学が余計に厄介になる原因でもある。

勘違いしないでほしい。「取締役には『失せろ』と言い、はなから助言を無視しましょう」などという話では決してない。取締役は、議論を豊かにし、重要な問いを投げかけ、新鮮な視点をもたらし、投資家の利益が十分考慮されるようにするために存在する。いずれも有益で生産的なことであり、会社の方向性について皆が確信できるようになる。唯一問題になるのは、取締役が境界線を踏み越えて、CEOを思いどおりに動かそうとする時だ。

してはいけないこと：追従

新任のCEOは多くの場合、どこにどう境界線を引くべきかわからないので、権限の主張をためらってしまう。そうした状況では、声が大きく威圧的な人に媚びたくなるのが人間というもの。でも、この衝動はぜひ抑えてほしい。「自然は真空を嫌う」と言われるように、あなたが一歩引いて追従の姿勢を示せば、取締役は次から次へと喜々として進み出てきて、あなたをアゴで使うようになる。

とりわけ新しいCEOに対して、取締役は試用期間を設け、頻繁に顔を出させようとすることが多い。しかしCEOを門限付きの十代のように扱っていては、自立できるタイミングがわかるわけもない。あなたがそんな扱いに満足なそぶりを見せたら、取締役は何かしら口実をつけて試用期間を無期限に引き延ばすかもしれない。

CEOの中には、性格的に素直で、正しくても間違っていても反射的に取締役会と意見を合わせたくなってしまう人もいる。そうすれば安全だと思えるからだ。判断を取締役に委ねれば怖くない。孤独でもないし、リスクも取らずに済む。さし当たりはその安心感が心地いいかもしれないが、仕事を続ける助けにはならないだろう。重要な意思決定のたびに取締役の権限を認める行為を、安全策と考えるのは間違いだ。むしろ長い目で見れば危険が大きいといえる。自分の権限と正当性を主張し、決断に責任を持つほうがずっといい。

大きくて名の通った組織の中には、状況が悪化して何十年も苦戦しているところがあるが、「経営陣は何をやっているのだろう」と時々考えてしまう。そんな会社におけるリーダーシップはたいていお行儀がよくて、プレスリリースにあくびの出るような格言を載せていたりするし、少しでも批判されそうな発言や行動は決してしない。しかし、収益は年々落ち続ける。キャッシュは自社株買いに投入。既定路線の買収ばかり行って、時代の先を読んで投資することはない。

取締役はそれで安眠できるのかもしれないが、寝ている場合ではない。彼らと歩調を合わせて和を保とうとするCEOもだ。遅かれ早かれ、もの言う株主が立ち上がり、取締役会を解体して、その取締役たちに従順だったCEOもお払い箱にするだろう。「安全な港」など存在しないのだから、快適でないことに慣れなければいけない。

取締役会に従順なCEOの問題はまだある。一般社員の心が離れていくことだ。CEOの計画が取締役会に阻止されたと聞けば、会社を本当に仕切ってるのは誰なんだ、と思うだろう。CEOがあらゆる戦略について「取締役の意向によって……」と説明を始めるのも同じことだ。

あなたがそこにいるのは、仲良しごっこのためでも、言い付けを守って金色の星をもらうためでもない。勝つためだ。取締役たちの提案に従わなかったとしても、あなたの指揮下で会社があらゆる目標を達成すれば、取締役たちはあなたを褒めちぎるだろう。反対に会社がうまくいかなければ彼らはあなたを責め、やがては解任するかもしれない。そんな不快な瞬間が訪れる時には、あなたが取締役との会食に何度参加したかとか、どれほど彼らにお世辞を言ったかなど関係ないし、あなたが自分の妥当な判断を曲げて彼らの意向に沿っていたとしても、誰も顧みてはくれない。

すべきこと：取締役会をリードする

最高指揮官として、持てる力をめいっぱい活かそうとするCEOはとても少ない。準備ができているか否かにかかわらず、大役を引き受けたからには、それにふさわしい振る舞いをすべきだ。いいCEOは取締役会を「リード」していく。

どういうことか。まず取締役会議では、トピックだけ出して意見を聞くようなことは絶対にやめよう。そうではなくて、事前に自分のチームで入念に準備してから、「あなたが」どう思うかを彼らに伝えるのだ。結果として疑問や懸念が返ってきたとしても構わない。「真空」を作るのでなく埋めることで会議を始められたのだから。こうすれば、取締役にとっては議論を支配することが難しくなる。

準備は大きなアドバンテージだ。あなたがそのテーマについて何日も何週間も考えているのに対し、大方、取締役の面々は出たとこ勝負。年に4回程度、取締役会議に参加するだけの人々に、どれほど正しく現状が把握できるだろう？　彼らの直感は、あなたのデータ、分析、入念な計画にはかなわない。取締役の個々の経験に基づく先入観をうのみにすべきでないのだ。前もって適切な答えを導いておくこと。そして取締役会との見解一致を目指して提案するのでなく、取締役があなたに賛同するようにリードするといい。

うまくリードできるようになった後も、取締役がCEOの権限範囲にあるはずの物事について、強くこだわる場合があるかもしれない。私が見た中では、取締役会の中にある報酬委員会が、CEOの報酬を取締役会の戦略方針に紐付けようとする例があった。こういう大事なことについて、CEOは絶対に譲ってはいけない。

また、報酬委員会規則は通常、CEO直属の幹部を対象としたものになっている。CE

Oは上司を持たない唯一の存在で、良好なガバナンスを維持するためには監視が欠かせないから、妥当な仕組みだ。とはいえ、CEOは直属幹部の報酬に関して大いに発言権を持っていなければならない。偏りのない、業界水準に照らして妥当な報酬であるように確認するのは取締役会だとしても、基本的に、各幹部にとっての適切な報酬額を主張するのはCEOであるべきだ。

私が権限を持つ事柄について、意思決定をコントロールしようとしてくる取締役に対しては、何度か「越権行為で私を押さえ付けようとするなら別のCEOを探してくれ」と言ったことがある。これは過激な手で、軽々しく使うべきではないのだが、自分の権限を本気で守るんだという意志を示さなければいけない時のために、ポケットに忍ばせておくといい。CEOは職位にしがみ付くべきでなく、場合によっては喜んで身を引くくらいの気概が必要だ。最後通告を出す必要はないかもしれないし、もしあっても、実行までする必要はないかもしれない。それでも、CEOの権限を守るためには進退を賭けるくらいの心構えがなければ、あなたの在任期間の経営は回復不可能なほどにむしばまれてしまうだろう。

いいCEOは、権限の主張に慣れていく。組織図の上でも、会社生活の上でも、CEOには十分な権限が与えられている。活かさなければ失うだけだ。

第19章 まとめ――優れたリーダーは優れた結果を生む

優れたリーダーの条件は何か、と時々聞かれることがある。こんな時、相手はひと通りの形容詞を期待している。知的、カリスマ性がある、協調性がある、話がうまい、などなど。付箋にささっと書いて洗面所の鏡に貼り、毎日見て気合いを入れられるような、そんな言葉たちだ。現在と未来のＣＥＯに向けた本書もまとめに入る。ここまで読んでくれたあなたにはわかると思うが、いいＣＥＯの条件とはそんな単純なものではない。

優れた仕事を成し遂げるには、いくつもの方法がある。自分の性格、気質、適性に合った道を見付けることが必要だ。だから、私も含めたほかのリーダーのやり方をコピーしようとか、マネしようとはしないでほしい。困難な状況に陥るたびに「フランクならどうするだろう?」と考えてはいけない。自分の道を見いだすのが遅れるだけだ。

それよりも、あなたならではの経験の積み重ねを最大限に活かそう。自分の経験とここまでの章で見てきた考え方を応用して、今以上に理想的で、磨きのかかった、生産性の高いあなたを目指してほしい。どれだけ時間がかかろうとも、自分なりの道を見付けることで、あなたの力は解き放たれる。

私は、名目上あらゆる条件を備えた若手CEOを何人も見てきた。賢く、エネルギーにあふれ、努力家で、野心もある人たちだ。ところが彼らは自分の道を見付けるのに必要な経験を積む前に、大きなリーダーシップを任されてしまう。その結果、たいていが満身創痍となる。失敗の屈辱は耐えがたいものだが、その経験は後々、成功を築くための基礎になってくれる。

経験がどんな意味を持つかは、後になってみないとわからない。だから、避けがたい課題や失敗は、道程の一部として受け止めていい。意味があって存在するのだから。

結局、どんな階層をまとめていようと、優れたリーダーは優れた結果を生む。あなたがどれほど親身で、カリスマ性があって、人気のあるリーダーでも、ビジネスが低迷すれば関係ない。そして逃げも隠れもできなくなる。言い訳どころか、もっともな言い分があっても誰も聞いてくれない。どうしようもない不運に見舞われたせいだとしても、誰も気に留めない。あんまりだと思うだろうか？　そう、ひどい話だ！　けれども、これこそが私たちの生きる世界であり、リーダーとして受け入れなければならない世界でもある。

幸い、あなたが長期にわたって耐え抜き、顧客への価値提供にひたすら集中して、従業員の中に規律あるカルチャーを築けば、そのうちすべて報われる時が来る。組織にすばらしい成果をもたらし、実りを手にすることができるのだ。強い意志を持ち、辛抱強く、ミッションに集中し、重要なものとそうでないものを明確に区別できるリーダーは強い。

真に最高を超えていけるリーダーは、めったなことでは負けない。

チームを率いて歩み続けるあなたの健闘を、心から祈っている。

謝辞

私の人生とこれまでの歩みに、大きな影響を与えてくれたすべての人と組織にお礼を申し上げたい。また本書の執筆にあたって私を助け、励ましてくれた人々には、ひときわの感謝を捧げる。

妻のブレンダ。先行きが見えない時も、ひるまず挑戦してリスクを取るよう、いつも励ましてくれた――特に25年前、オランダへ戻った時に。あの頃の経験があるから、今がある。

データドメイン社、サービスナウ社、そしてスノーフレイク社の全従業員、マネジャー、幹部の皆さん。私たちはこの20年、来る日も来る日も、すばらしい体験を世に送り出すべく力を合わせてきた。一緒にした仕事は有益で実りが多かったが、それだけではない。日々の出来事を本当に、心から楽しんできた。

スノーフレイク社の最高マーケティング責任者であるデニス・パーソン。本書の完成を望み、私が本業もこなせるように調整を行ってくれた。

ウィル・ワイザー。私の語る言葉やアイデアをわかりやすく構成し、出版に値する本物の書籍に仕上げてくれた。

出版社ワイリーのマイク・キャンベル。私の思いや見解を出版することに、意義を見いだだしてくれた。

ベンチャー投資家の友人たち。また本を書くようにと何年もせっついてくれた。

そして、母校のエラスムス・ロッテルダム大学から受けた影響は、どれほど言葉を尽くしても語りきれない。広い意味で大学という環境が、青年だった私の視点、視野、志に直接の影響を与えてくれた。そのことが後にアメリカへ渡るきっかけにもなった。

それについていえば、第二の故郷アメリカへの謝意は欠くことができないだろう。私のようなキャリアが成立するのはアメリカだけだと断言できる。若き日に、この国に降り立った幸運に感謝している。

２０２１年８月　　モンタナ州エニスにて
フランク・スルートマン

［著者］

フランク・スルートマン（FRANK SLOOTMAN）

スノーフレイク社の会長兼CEO。企業向けソフトウェア業界で事業家、経営者として25年以上の経験を持つ。2011年から2017年までサービスナウ社のCEO兼社長を務め、1億ドル程度だった収益を、IPOを経て約14億ドルにまで引き上げた。それ以前はデータドメイン社のCEO兼社長として同社をIPOまで率い、24億ドルでEMCに買収された後もバックアップ・リカバリー・システム部門長を務めた。エラスムス・ロッテルダム大学を卒業、経済学の学士号と大学院学位を取得している。

［訳者］

福永 詩乃（SHINO FUKUNAGA）

翻訳者。ヒンディー語・英語→日本語への字幕翻訳を主に行う。長野市出身。大阪外国語大学（現大阪大学外国語学部）ヒンディー語専攻卒。米国ワシントン州に留学経験あり。米系銀行、字幕制作会社勤務を経てフリーランス。

最高を超える

2023年8月22日　第1刷発行

著者――――――――フランク・スルートマン
訳者――――――――福永 詩乃
発行所―――――――ダイヤモンド社
〒150-8409　東京都渋谷区神宮前6-12-17
https://www.diamond.co.jp/
電話／03-5778-7235（編集）　03-5778-7240（販売）
装丁――――――――ジュリアーノ・ナカニシ
本文デザイン・DTP――エクサピーコ
製作進行―――――――ダイヤモンド・グラフィック社
翻訳協力―――――――オレンジ社（大内麻琴）
編集協力―――――――クリーシー（古村龍也）
印刷――――――――堀内印刷所（本文）・加藤文明社（カバー）
製本――――――――ブックアート
編集担当―――――――田口昌輝、寺田文一

ISBN 978-4-478-11785-9